中华传统美德百字经

顺·顺其自然

于永玉 胡雪虎◎

　　一段历史之所以流传千古，是由于它蕴涵着不朽的精神；一段佳话之所以人所共知，是因为它充满了人性的光辉。感悟中华传统美德，获得智慧的启迪和温暖心灵的感动；品味中华美德故事，点燃心灵之光，照亮人生之路。

天津人民出版社

图书在版编目（CIP）数据

顺：顺其自然 / 于永玉，胡雪虎编 . —天津：天津人民出版社，2012.1

（巅峰阅读文库 . 中华传统美德百字经）

ISBN 978-7-201-07345-3

Ⅰ . ①顺⋯　Ⅱ . ①于⋯②胡⋯　Ⅲ . ①品德教育—中国—通俗读物　Ⅳ . ① D648-49

中国版本图书馆 CIP 数据核字 (2011) 第 268372 号

天津人民出版社出版

出版人：刘晓津

（天津市西康路 35 号　邮政编码：300051）

邮购部电话：（022）23332469

网址：http://www.tjrmcbs.com.cn

电子信箱：tjrmcbs@126.com

北京一鑫印务有限责任公司印刷　新华书店经销

2012 年 1 月第 1 版　2012 年 1 月第 1 次印刷

690×960 毫米　16 开本　10 印张　字数：100 千字

定价：19.80 元

中国是一个具有悠久历史和灿烂文化的文明古国，也是举世闻名的礼仪之邦。在历史的长河中，中华民族创造出了绚丽多彩的物质文化和精神文化，为人类的发展和进步做出了重要贡献。其中，中华民族的传统美德被大家代代传承。

那么，什么是传统美德？什么是中华民族的传统美德呢？通常来说，传统美德就是在自觉或习俗的道德规范中，一些被大多数人所接受并实际奉行的，而且在现代仍有着积极影响的那些美德。具体到中华民族传统美德，概括起来就是指中华民族优秀的民族品质、优良的民族精神、崇高的民族气节、高尚的民族情感以及良好的民族礼仪等，是中华民族在历史实践过程中积累而成的稳定的社会优秀道德因素，体现在人们生活的方方面面，涉及政治、经济、文化、意识等领域，并通过社会心理结构及其他物化媒介得以代代相传。

前 言

经过长期的历史沉淀，中华传统美德已融入到中华民族的思想意识和行为规范中，成为社会道德文化的遗传基因，成为整个中华民族文化的精神内涵，也是中华五千年文明史的精髓所在。继承和弘扬中华民族传统美德，可以振奋民族精神，增强民族自尊心、自信心、自豪感和凝聚力，使社会主义道德规范具有更丰富的内涵，让社会主义、集体主义、爱国主义思想等更加深入人心，成为社会主义文化的主旋律。同时，还可以更好地协调人际关系，促进社会主义市场经济的健康发展，形成有中国特色的、适应社会发展的价值观和伦理道德规范。

国民的思想道德状况，尤其是青少年的思想道德状况，直接关系着一个国家、一个民族的整体素质，关系着国家前途和民族命运。目前，我国已进入改革发展的新时期新阶段，德育教育的价值和意义更是日渐凸显。大力弘扬中华传统美德，建设社会主义核心价值体系，促进社会主义文化的发展和繁荣，是建设全面小康社会的主要任务，更是实现中华民族伟大复兴的必然要求。因此，党中央非常注重我国公民道德建设，全社会也已形成了加强和改进思想道德建设的新风尚。

青少年是国家的希望，是民族不断发展和延续的根本，因此，青少年德育教育就显得更加重要。为了增强和提升国民素质，尤其是青少年的道德素质，我们特意精心编写了本套丛书——《中华传统美德百字经》。

本套丛书立足当前公民，尤其是青少年思想道德教育的现实，将中华民族的传统美德归纳为一百个字，即学、问、孝、悌、师、教、言、行、中、庸、仁、义、敦、和、谨、慎、勤、俭、恤、济、贞、节、谦、让、宽、容、刚、毅、睦、贤、善、良、通、达、知、理、清、廉、朴、实、志、道、真、立、忠、诚、公、正、友、爱、同、礼、温、信、尊、敬、恭、恕、责、仪、精、专、博、富、明、智、勇、力、安、全、平、顺、敏、思、积、利、健、率、坚、情、养、群、严、慈、创、新、变、革、争、谏、诲、齐、省、克、竞、求、简、洁、强、律。丛书内容丰富、涵盖性强，力图将中华民族传统美德的内涵囊括进去。丛书通过故事、诗文和格言等形式，全面地展示了人类永不磨灭的美德：诚实、孝敬、负责、自律、敬业、勇敢……

这些故事在中华民族几千年的历史长河中，一直被人们用来警醒世人、提升自己，用做道德上对与错的标准；同时通过结合现代社会发展，又使其展现了中华民族在新时代的新精神、新风貌，从而较全面地展示了中华民族的美德。

在本套丛书中，为了帮助读者更好地理解这些源远流长的传统美德，我们还在每一篇故事后面给出了"故事感悟"，旨在令故事更加结合现代社会，结合我们自身的道德发展，以帮助读者获得更加全面的道德认知，并因此引发读者进一步的思考。同时，为丰富读者的知识面，我们还在故事后面设置了"史海撷英"、"文苑拾萃"等板块，让读者在深受美德教育、提升道德品质的同时，汲取更多的历史文化知识。

前　言

这是一套可以打动人心灵的丛书，也是可以丰富我们思想内涵的丛书……《中华传统美德百字经》向我们展示的是一种圣洁的、高尚的生活哲学。无论在任何社会、任何时代，给予人类基本力量的美德从来不曾变化。著名的美国政治家乔治·德里说："使美国强大的不是强权与实力，而是上帝赐予的美德。假如我们丢失了最根本且有用的美德，导弹和美元也不能使我们摆脱被毁灭的命运。"在今天，我们可能比任何时候都更应关心道德问题，尤其是青少年的道德问题，因为今天我们正逐渐面临从未有过的道德危机和挑战。

人生的美德与智慧就像散落的沙子，我们哪怕每天只收集一粒，终有一天能积沙成塔，收获一个光辉灿烂的明天。《中华传统美德百字经》中的美德故事将直指我们的内心，指向人性中善良的一面，唤起我们内心深处的道德感。因此，中华民

族的传统美德也一定会在我们的倡导和发扬之下，世世传承，代代延续！

　　全套丛书分类编排，内容详尽、文字优美、风格独具，是公民，尤其是青少年思想道德建设的优秀读物。愿这些恒久流传的美文和故事能抚平我们每个人驿动的心，愿这些优秀的美德种子能在青少年身上扎根、发芽、生长……

顺·顺其自然

"顺其自然"的实质是规律与宇宙的统一。春、夏、秋、冬就是亘古以来不可逆转的自然规律，人类社会顺应并利用这个规律才能得以生存、繁衍与发展。

人类具有认识自然和改造自然的能力，而且这种能力在现在看来几乎是"无限"的：将野兽驯为家畜，把草木改造为农作物，更造出了火车汽车、飞机大炮、人造卫星、宇宙飞船，登上月球、飞向火星，简直无所不能！谁也想象不出人类会发展成什么样子，会作出什么惊天动地的事业来！短短的几千年，我们走得如此之远，如此神奇！

人类总以为自己高于自然，能战胜自然、征服自然——人定胜天！在人类追求更加丰裕的物质生活的过程中，森林锐减、物种灭绝、沙漠蔓延、干旱频繁，滥用化学制剂、制品导致环境污染和水源污染、酸雨肆虐、臭氧层破坏、温室效应加剧，从而导致气候异常，生态失衡。

正如恩格斯所指出的那样，人类对大自然的每一个胜利，都会遭到大自然的无情报复。违背了规律失去了平衡，如此下去，我们的地球家园毁灭的日期还远吗？

我们实在不该忘记人类其实是属于自然的，是自然的一部分！

《老子》说，"道大，天大，地大，人亦大。域中有四大，而人居其一焉"。老子所主张的是一种原生态的自然。老子的原生态并非一定指"荒野"的自然，并非让人无作为，而是不要一味地强作妄为。

老子"道法自然"的"生态智慧"主张"天人合一"的传统，强调人与自然的和谐相处，对于当今人类保护环境的主题思想、走可持续发展之路仍具有重要的指导意义。

孟子也强调保护自然环境"斧斤以时入山林"，不可"竭泽而渔"。《管子》也主张"人与天调，然后天地之美生"。《左传》里有"春搜、夏苗、秋狝、冬猎"的记载，强调猎取与保护野生动物并重。可见，祖先们从理论到实践都为我们积淀了丰厚的智慧——"顺其自然"。

"顺其自然"也应成为我们的意识主流与方法论。"顺其自然"应成为我们的行为准则。

因为,我们的行为要想达到预期的目的,首先就必须要有正确的判断。何为正确的判断?就是符合客观实际。客观实际就是自然规律。无论什么时候,我们对客观世界的认识总不会完全正确,所以我们的行为常常达不到预期的目的,甚至南辕北辙,需要时时修正。当然,顺其自然并非是消极的等待,也不是听从命运的摆布,而是寻求生命的平衡。人生之事,乐在自然。这便是顺其自然。

我们的祖先用"顺其自然"的理念,或执政兴国、或治理环境、或为人处世、或对待人生,于是产生了诸多寓意深刻、趣味生动的故事。在我国经济建设高速发展、"科学发展观"的理念日益深入的今天,希望这些故事给读者以启发,从而完善自己的人生。

目录

ZHONGHUACHUANTONGMEIDEBAIZIJING

中华传统美德百字经

顺·顺其自然

第一篇

保护生物资源

四千多年的柏树

◎我昔少年时，种松满东岗。初移一寸根，琐细如插秧。——苏轼

> 轩辕黄帝，为中华民族始祖，人文初祖，中国远古时期部落联盟首领。少典之子，本姓公孙，长居姬水，因改姓姬，居轩辕之丘（在今河南新郑西北），故号轩辕氏。出生、创业和建都于有熊（今河南新郑），故亦称有熊氏。因有土德之瑞，故号黄帝。传说中远古时代中华民族的共主，五帝之首。

在我国古老的传说中，黄帝是一位英雄人物，他带领部落的人民与蚩尤作战，打败了蚩尤。

战争刚刚结束，黄帝就考虑要让人民过上安居乐业的幸福生活。那时候，百姓还住在山洞里，饿了就到丛林中去打猎，爬到树上去采集野果，或者到湖泊里去捕鱼。生活条件非常恶劣。黄帝便带着大家离开了山洞，迁往今天陕北地区的桥山一带。

桥山一带的地理环境十分理想。这里土地肥沃，适宜种植庄稼；山林茂密，可以猎取野兽。百姓都兴高采烈，称赞黄帝找到了一个好地方。黄帝将手下的几员大将召集到一起，商议选址修造房子的事情。黄帝对大伙儿说："战乱结束了，我要让大家定居下来。我南征北战，到过许多地方，觉得这儿是一块风水宝地。看，临水背山，土肥水美。如果造起了房子，大家就再也不会受到风吹雨淋了，再也不会担心野兽来侵袭了。"说完，黄帝就安排力牧、大鸿、共鼓去张罗造房子的事。

要造房子，就需要大量的木材，力牧等人就带领大家上山去砍伐树木。

一连几天，桥山上伐木无数，树木越堆越高。但桥山变成了一个光秃秃的山梁，周围的其他山上，过去郁郁葱葱，现在也只是留下了几棵孤零零的小树。

又过了几天，山脚下新落成的房子非常漂亮，高高低低，错落有致。老百姓欢喜极了。过去住在山洞里，现在住上了新木房，真是天壤之别！可是，好景不长，到了第二年夏天，桥山地区一连下了好几天大雨。大雨引发的特大山洪从桥山上奔流而下，山洪冲毁了农田，卷走了耕畜，新造的房子也在大水中轰然倒塌了。

黄帝看到此情此景，十分痛心，他专门召集了一个全体大会，沉重地对大家说："我对不起大家，没想到造了房子，大家还是要遭大罪。过去我们只是没有房子，现在我们连树木也没有了！没有树木，我们到哪里去打野兽？没有野兽，我们吃什么？我们穿什么？"于是，黄帝号召大家上山植树种草，再一次恢复环境的原貌，并且带头上山，亲手种下了第一棵柏树。在黄帝的带动下，百姓人人动手，种植草木，很快桥山又变得一片葱绿了。

黄帝亲手种的这棵柏树越长越高，现在已经变成了参天巨木。后人在黄帝种树的地方建起了一座陵寝，名叫黄帝陵，以纪念这位最早绿化环境的祖先。

1982年，英国林业专家罗友尔拜谒黄帝陵时，见到这棵历尽风霜的古柏，不无感慨地说："真了不起，黄帝可以看做是世界柏树之父！"

◎故事感悟

俗话说：十年树木，百年树人。这句话虽然主要讲的是育人的道理，但在世间万物中，人们把树木与树人联系起来，也足见种树的重要、养树的不易。顺其自然，就要爱护环境，黄帝能够做到亲手栽树，表明他对自然的热爱和保护。古人如此，那么我们该当如何？希望每个人都能保护树林、保护树木，给我们的生活增添一分绿色！

◎史海撷英

黄帝建立政治体制

黄帝在担任部落首领期间，建立了古国体制，即划野分疆，分八家为一井，三井为一邻，三邻为一朋，三朋为一里，五里为一邑，十邑为一都，十都为一师，十师为一州，全国共分为九州。

同时，黄帝还设立官司职，置左右大监，监于万国；设三公、三少、四辅、四史、六相、九德（官名）等共120多个官位来管理国家。

对各级官员，黄帝还提出了"六禁重"。"重"，就是过分的意思，即"声禁重、色禁重、衣禁重、香禁重、味禁重、室禁重"，要求官员要节俭朴素，反对奢靡。

此外，黄帝还提出以德治国的政策，"修德振兵"，以"德"施天下，一道修德，唯仁是行，修德立义。尤其是设立了"九德之臣"，教养百姓九行，力收担任法官、后土担任狱官，对犯罪重者判处流失，罪大罪极者判处斩首，等等，促进了当时社会的进步和经济的发展。

◎文苑拾萃

炎黄子孙的典故

在有关大量的神话传说故事中，本领最大、发明最多的人就是黄帝，传说他发明了车、船、锅、镜子，制造了弩。又传说黄帝让仓颉创造文字，伶伦制作乐律，大挠制定甲子，岐伯写了医书。

据说，黄帝族和炎帝族最早都居住在陕西一带。而黄帝族最后定居在河北的涿鹿附近，炎帝最后到达了今山东地区。当时，蚩尤是九黎族的首领，九黎族主要活动在今山东、河南和安徽一带。相传，炎帝族和九黎族为了争夺黄河流域的一块肥沃的土地，发生了一次激烈的战争。最后炎帝族战败，向黄帝族求援，于是黄、炎两族合并。

根据以上的传说可以看到，黄帝族、炎帝族和九黎族三个部落经过发展，最终逐步以黄帝族为主，并相互融合。因此，黄帝便成了我国多民族国家的共同祖先。后来，各族都认为自己是黄帝的后代，称自己为"炎黄子孙"。

舜帝不鞭打耕牛

◎人只有按照自然所启录的经验来生活。——格言

> 舜帝（生卒年不详），三皇五帝之一，名重华，字都君。生于姚墟，故姚姓，今山东诸城市万家庄乡诸冯村人。舜为四部落联盟首领，以受尧的"禅让"而称帝于天下，其国号为"有虞"，故号为"有虞氏帝舜"。帝舜、大舜、虞帝舜、舜帝皆虞舜之帝王号，故后世以舜简称之。

上古的时候，中原大地上出现了一位很圣明的首领，他的名字叫做尧。尧带领着他部落里的人抵抗其他部落的入侵，与野兽作斗争，从事生产劳动，取得了辉煌的胜利，赢得了人们的尊敬和爱戴。但是，随着时间的推移，尧越来越感到自己的精力不济了，他想物色一位德才兼备的人来继承自己的位置。

一天，尧来到山坡上，看到两个青年人在坡地上耕地。一人扶着犁耙，一人手中拿着一只小小的簸箕，不时地在簸箕上咚咚地敲两下。尧觉得不理解，就上前问道："喂，你们俩这是在干什么呢？"

"我们正在犁地哩。"那个敲簸箕的青年人马上热情地回答。

"我还从来没有看到像这样犁地的，别人总是手中拿着鞭子驱赶牛耕地，你们是不是没有牛鞭了，所以就拿这种簸箕当牛鞭？"尧还是大惑不解地问。

"哦，您不知道，我们两人已经犁了大半天了，这一大片耕过来的地都是这头牛拉的犁。牛很累了，我们实在不忍心再拿牛鞭来抽打牛，所以我们就用这只簸箕换了牛鞭。敲打簸箕的咚咚声照样可以使牛拉犁往前走，而牛却不再受那种被抽打的皮肉之苦了。"那个青年人很认真地说。

"哦，我明白你的用意了，原来你们是为了保护耕牛。"尧感到这两个年轻人心地很善良，又能出好主意，真是两个人才。尤其是刚才说话的青年人不仅心地好，说起话来头头是道，而且眉宇间有一股英武之气。尧心想："我不正是在寻找部落首领的接班人吗？这个人就是我要找的人吧！"

正在这时，从山坡的那边走过来一个头发斑白的樵夫，那樵夫挑着一担子柴薪，看上去很累的样子。

那位敲打簸箕的年轻人立即放下了手中的活计，对另一个人说："你该休息一会儿了，牛也该休息一会儿了，我到那边去帮助那位老人把柴薪挑下山了再来犁地。"说完，他就跑过去帮助那个老人挑柴薪去了。

年轻人一直将担子挑过了一个山头才回转身来。

尧问那个蹲在地头上休息的青年人："帮助老人挑柴薪的人叫什么名字？"

"他的名字叫舜，是我们这儿后生中的榜样。他不仅勤劳、勇敢，又有好心肠，我们都非常喜欢他。你瞧，这是他今天帮助的第三个人了。"青年人回答说，表现出非常佩服那个青年人的样子。

尧将了将自己花白的胡须，心中好像悟到了什么，连声说："好后生，好后生。"

等到舜走过来之后，尧拍了拍舜的肩膀，对舜说："我找的就是你这样的接班人啊！我看到了你不肯用鞭子抽打牛，说明你的心地善；你用簸箕替代鞭子，说明你的智慧高；你帮助老人挑柴薪，说明你的品德好；我刚才还听了你的同伴夸奖了你，说明你的人缘也不错。所以我想你可以做我的接班人。"

由于尧的赞扬，舜在部落里的名声越来越好。果然不久，在尧的提议下，同时也是在部落人的推举下，舜继承了尧的位置，做了部落首领。

◎故事感悟

各种生命之间都是息息相关的，生命之间是需要相互尊重、相互关爱的。顺其自然，爱护动物，保护生物资源是我们的责任。地球上不能只关注和发展一个物种，人类需要更多的同伴，世界因生命的丰富而精彩。

◎史海撷英

瞽叟与舜帝

上古时期，有一次，舜的父亲瞽叟叫舜去淘井。舜刚一下井，瞽叟便和舜的弟弟象在地面上搬起一块块土石丢到井里，把井填没，准备把舜活活埋在里面。

然而，舜在下井后，又在井边掘了一个孔道，从孔道里钻了出来，安全地回家了。这时象还不知道舜早已脱险了，得意洋洋地回到家里，跟瞽叟说："这一回哥哥准死了，这个妙计是我想出来的。现在，我们可以把哥哥的财产分一分了。"

说完，象就向舜住的屋子走去。哪知道，他一进屋子，舜正坐在床边弹琴呢。象心里暗暗吃惊，很不好意思地说："哎，我多么想念你呀！"

舜也装作若无其事的样子，说："你来得正好，我的事情很多，正需要你过来帮助我料理呢。"

以后，舜还是像过去一样，和和气气地对待他的父母和弟弟，瞽叟和象再也不敢想着暗害舜了。

◎文苑拾萃

舜帝陵

舜帝陵位于湖南省永州市宁远县九嶷山舜陵景区，是我国五大古帝陵之一，也是我国唯一的舜帝陵墓，为舜帝南巡崩于苍梧之野而葬于九嶷山。

舜帝陵的陵区由陵山（舜源峰）、舜陵庙、神道及陵园几部分组成，占地600余亩。陵墓上小下大，呈覆斗状，气势恢宏。陵山的北麓建有陵庙，陵庙坐南向北，规模宏大，占地20000多平方米，分为前后两重院落，五进建筑。陵庙内还建有庄严肃穆的山门、午门、拜殿、正殿、寝殿、厢房等。陵庙祭碑廊内，保存着历代的祭碑36方，是我国珍贵的历史文物，也是历史的见证。

周文王怒斥打猎之人

◎仁者以天地万物为一体。——王阳明

周文王（公元前1152—前1056年），即殷商西伯，又称周侯。周季历（周朝建立后，尊为王季）之子，姬姓，名昌。周文王之生母为挚任氏之中女太任，有贤名。文王能"遵后稷、公刘之业，则古公（亶父）、公季之法，笃仁、敬老、慈少，礼下贤者，日中不暇食以待士，士以此多归之"。他死后，太子发继位，是为周武王。武王完成了文王讨伐殷商的遗愿。

商朝末年，有一个贤明的诸侯王，名字叫姬昌，后人称他为周文王。周文王治国，注意发展生产，体恤百姓艰辛，很得人民的拥护和爱戴。人们说他的恩德比山还重，连花草树木和飞禽走兽都能够感受到。

有一次，周文王要带着自己的文武大臣们到城外去了解民情。有一个名叫散宜生的上大夫出了一个主意，对周文王说："大王为天下日理万机，明天好不容易有点空闲出去轻松一下，我让两位大将已经做好了准备，在都城的南门外围成了一个猎场，大王可以一边了解民情，一边围场打猎，也好体现一下我朝君民同乐的升平景象。"周文王听完，想了想，没有表示反对。

第二天，周文王带领文武大臣出了南城门，来到了猎场。只见大臣们手中拿着钢叉利剑，带着黄鹰猎犬，非常威风。一会儿，大家在猎场周围布成了罗网。

周文王骑在骏马上，看到猎场里有各种各样的野兽和飞禽，心中想到，只要一箭射出去，肯定可以让那飞禽从天空中掉下来；一叉投出去，肯定可以让那狡兽倒在地上。这时，有左右递来了弓箭和钢叉。

可周文王将弓箭和钢叉放在了马背上，不忍射猎。他问身边的散宜生说："这儿原来没有围场，现在为何将围场设在此地？"

散宜生在马上欠了欠身子，很快地回答说："大王自羑里回来之后，我很高兴，就在这儿设了一个围场，已有好几年了。平时不准任何人来这儿打猎，专等大王的到来，所以这儿的野兽珍禽很多。今日大王出城访民疾苦，正好顺便射猎，让大王的心情畅快一下；大臣们久在禁中，也可以跟着大王行乐一番！"

周文王听了散宜生的话，没动声色，对大臣们问道："大夫散宜生说的对吗？"

随从们看到大王准备动手打猎了，哪敢败大王的兴致？况且自己好不容易有这一次与大王同猎的机会，岂能放过去？于是就同声回答说："大夫散宜生说得极是！"

周文王的脸上陡然变得异常严肃起来，对大臣们大声说："大夫说错了！你们都跟着错了！"大臣们一听，人人面面相觑，以为周文王在说着玩儿的。

只听周文王继续说道："现在正是万物复苏的时候，我们怎么能随意捕杀取乐呢？过去我们的祖先伏羲帝从不打猎。有一次，伏羲的首相风后拿了一只野兽去献给伏羲享用，而伏羲对风后说：现在人们吃的荤腥都是动物的肉。人们为了自己能够有美味的东西吃，有可口的东西喝，就打猎以动物的肉为食，以动物的血解渴，以为这才是滋养之道，而不知那些野兽也是我们人类的朋友。我们去猎杀它们，于心何忍！所以伏羲教育他的大臣们不要去打猎伤生。我今日也要像伏羲那样，宁可食五谷杂粮，也不要吃这禽兽的肉。让这些珍禽异兽随其天性在这儿生活下去，彼此之间无伤无害，以养天和。"

这一次，周文王没有在围场打猎，而是带着群臣到民间访民疾苦去了。后来周文王又派人将这个围场撤除，号令文武百官不要滥杀飞鸟走兽。周的臣民在周文王的倡导下，在限制打猎的同时，还大力发展农业生产，老百姓也并没有因为限制打猎影响生计。因此，西岐迅速强大起来。到了周文王的儿子周武王执政的时候，周以其强大国力再加上各诸侯国的拥护，打败了东方的商纣王，建立了一个新兴的王朝——周朝。

◎故事感悟

文王的这个故事告诉我们，要"数罟不入洿池"，才能"鱼鳖不可胜食也"。反思我们当今的社会，世界资源危机严重，而现在的生态环境是我们向子孙后代借来的。数十年后，我们该对后辈交一份怎样的答卷？倡导社会和经济的可持续发展，保护资源与环境的问题已经迫在眉睫。

◎史海撷英

文王求贤

商朝末期，商纣王暴虐，周文王便决心推翻商朝的暴政。

这时，太公姜子牙受师傅之命，下山辅助文王。然而姜子牙觉得，自己已经半百之龄，又与文王没有什么了解，担心自己很难获得文王的赏识。于是，姜子牙就在文王回都的途中，在一条河边，用没有鱼饵的直钩钓鱼。文王见状，觉得姜子牙是个奇人，于是就主动跟他交谈，结果发现姜子牙非常富有定国安邦的才学，遂招入自己的帐下。

后来，姜子牙帮助文王及他的儿子周武王推翻了商纣的统治，建立了周朝。

◎文苑拾萃

周文王陵

传说中的周文王和周武王的陵墓位于现在陕西省咸阳市的原坂之上。文王陵与武王陵互相毗邻，形状类似山丘。

两座陵墓上草木丛生，陵园周围绿野烘托。陵的前面有一通石碑，是清朝乾隆年间陕西巡抚毕沅所立。祭殿里还保存着历代的碑石，大多为祭告之文。一直以来，人们都把奋发图强、开基立国的周文王和周武王的业绩与咸阳原坂上两座高高耸立的陵冢联系在一起，因此不乏许多祭奠和瞻仰者，并且留下了很多神话般的传说。

路旁植树的由来

◎人创造环境，同样环境也创造人。——格言

> 隋炀帝杨广（569—618年），隋朝的第二个皇帝，唐谥炀皇帝，洛阳王世充所立
> 之隋恭帝杨侗谥为世祖明皇帝，夏主窦建德谥闵皇帝。一名英，小字阿。隋文帝杨坚
> 次子，母文献独孤皇后。开皇二十年（600年）十一月立为太子，仁寿四年（604年）七
> 月继位。登基后，他在位期间修建大运河，营造东都洛阳城，开拓疆土畅通丝绸之路，
> 开创科举，三征高丽等。

　　路旁植树的制度始于周代时期，而河南洛阳则是最早施行这种制度的城市。

　　周代时，洛阳市的各干线车马大道上都有绿化。当时规定，凡是有道路的地方都需要植树，置庐舍并藏食粮，以供守路者食宿。最初的道路，植树是作为道路的里程性标志，后来才逐渐发展成为绿化道路。春秋时期成书的《诗经·小雅·采薇》中记载："昔我往矣，杨柳依依。"在《诗经》当中，还在颂扬召公的《甘棠》中写道："蔽芾甘棠，勿剪勿拜，召公所说！"从《甘棠》的三章中，说明路旁草木盛茂，人人爱护道林，也可以看出周代车马大道两旁的植树很多，人们也十分爱惜这些路旁的树木。《左传·襄公九年》中曾记载，有晋国的军队曾"斩行栗"，说明春秋时期在道路旁植树是相当普遍的。

　　到了秦代时期，洛阳的东方、东北方、西方的车马大道上，每隔三丈（今6.9米）远便植一棵松树。这也就是西汉时期贾山在《至言》中所讲的"三丈而树，树以青松"。

　　隋大业元年（605年），隋炀帝杨广在开凿洛阳至扬州的大运河的同时，在

运河的两岸也开通大道，"种榆树、柳树，自东都至江都二千余里，树荫相交"。

至元代，河南府及所辖各县都在道路两旁植树造林，凡"非理砍伐"路旁树木者，由"各路达鲁花赤管民官依条治罪"。道路植树制度就这样沿袭下来了。

◎故事感悟

路旁植树的优良传统被沿袭至今。树不但是守卫家园的士兵，还是美化城市、净化环境的好帮手！现在，植树造林，绿化祖国，是我们国家的一项基本国策。

◎史海撷英

隋炀帝开发西域

隋炀帝杨广即位后，便开始向四处用兵扩张。正巧这年北方的契丹族侵扰营州，隋炀帝便派韦云起率领精锐部队抵抗契丹族的侵扰，并一举击败契丹。这也令隋炀帝用兵的信心大增。两年后，隋炀帝便开始大规模地开发经营西域。

在开发西域过程中，隋炀帝采取的主要措施是用金钱引诱西域的商人来朝贸易，同时还命令西域商人所经过的地方郡县要对他们殷勤招待。事实上，这并不是什么平等的贸易往来，而是借贸易之名炫耀自己的文治武功。但是，隋炀帝为了开发经营西域，还是派军队进行了一些统一的工作，比如打败了西突厥的处罗可汗，击败了吐谷浑，并将其领地建成四郡，派遣官员治理，保证了隋朝与西域的畅通。

610年正月，隋炀帝在洛阳用大演百戏的方式招待西域的商人，前后达一个月之久。洛阳的店铺都要用帷帐装饰，让西域的商人们在这里免费吃饭、免费住宿。

隋炀帝就是利用这些巨额的国财赚取虚有的名声，用金钱引诱西域各国商人和使者来朝贺，虽然赚足了面子，却也搭了很多真金白银。其实，这就是我国古代典型的朝贡贸易，小国来朝拜，大国就能得到高高在上的荣誉，然后给予小国丰厚的金银珠宝赏赐。

从西周的植树说起

◎榆柳荫后檐，桃李罗堂前。——陶渊明

白居易（772—846年），字乐天，晚年又号香山居士。河南新郑（今郑州新郑）人。我国唐代伟大的现实主义诗人，中国文学史上负有盛名且影响深远的诗人和文学家。他的诗歌题材广泛，形式多样，语言平易通俗，有"诗魔"和"诗王"之称。官至翰林学士、左赞善大夫。有《白氏长庆集》传世，代表诗作有《长恨歌》、《卖炭翁》、《琵琶行》等。白居易故居纪念馆坐落于洛阳市郊。白园（白居易墓）坐落在洛阳城南琵琶峰。

中国古代很早就懂得了树木的人工栽培。陕西黄陵县桥山有轩辕黄帝的"衣冠冢"，现有古柏数万株，参天茂盛，形态各异。其中最大一株相传为黄帝手植，距今5000余年。

早在西周时期，国家就规定要在坟墓上植树，并且根据天子、士和庶人坟墓的高低分别植什么树作出了规定："天子坟高三仞，树以松；……士四尺，树以槐；庶人无坟，树以杨柳。"

在《诗经》中，记载黄河中下游一带人工栽培的树木就有枣、桃、李、梅、梨、栗、榛、桑等果木，而且栽植得相当普遍。

管仲是我国最早提倡植树造林的一个高级官员。在《管子》一书中，他精辟地指出："一年之计莫如树谷，十年之计莫如树木，终身之计莫如树人。"管仲主张山林川泽由国家垄断，禁止百姓在田地中或房前屋后种树，但说"田中有木者，谓之谷贼"，造成"非山无所仰"的政府独占局面，似乎有点过头，这是不足取的。

秦始皇统一六国后，曾下令在全国修筑驰道，要求在驰道两旁，每隔三丈，即"树以青松"，"东穷燕齐，南及吴楚、江湖之上"，规模很大。这是我国历史上最早的一次大规模植树造林运动。

在公元前2世纪的西汉初，人们已经懂得了适地植树的道理。刘安《淮南子》说："欲知地道，物其树。"意思是说，要想知道某地的环境条件，就要观察当地的树木。这就等于指出了树木生长和自然条件的关系，具有生态学观念。

西汉成帝时（公元前32—前6年）农学家氾胜之著了一本《氾胜之书》，它是我国历史上第一部完整的农学著作，其中对植树的方法有详细说明。书中说，种树要点有三条：一是种树没有一定的时间限制，下了雨以后就栽；二是要多留树根上带着的旧土；三是要记住树木原先朝阳的那一面，移栽后仍使之朝南。氾胜之总结的这些经验，在当时已是非常普及的东西了。

北魏末年贾思勰所著的《齐民要术》是我国现存最早的一部完整的农书，书中讲了植树的意义和适地植树的原则。贾思勰的适地植树的原则是：地有好坏，山泽各有所宜，按照气候土壤条件植树就能事半功倍。如果想当然，违反客观规律，必然劳而无功。这些原则，无疑是古代无数实践经验的结晶。

在晋代，植树技术又有新的进步，适地植树的原则也更加广泛地为人们所应用。有一本叫做《南方草木状》的林学著作，明确指出，柘、柞、楮、柳、竹应分别种在山石、山阜、涧谷、下田、高平之地，因地制宜，各得其所。这些记载，不仅具有实际意义，也具有一定的生态学意义。

唐代大诗人白居易（772—846年）十分热爱植树，他在《春葺新居》一诗中说：

江州司马日，忠州刺史时。

栽松满后院，种柳荫前墀。

　　这首诗的意思是说，自己不论被贬江州（今九江），还是升调忠州（今四川忠县）时，都不会忘记植树，在江州时曾移栽庐山桂树、石榴树。他把桂树移栽至司马厅前，写了一首《厅前桂》：

> 天台岭上凌霜树，司马厅前委地丛。
> 一种不生明月里，山中犹校胜尘中。

　　白居易移栽的石榴树迟迟不开花，于是又写了一首诙谐小诗《戏问山石榴》：

> 小树山榴近砌栽，半含红萼带花来。
> 争知司马夫人妒，移到厅前便不开。

　　升调忠州时，白居易还把石榴移了去，这回开了花。这时，他又在窗前栽植了庐山的杉树，在《种杉诗》中说："移栽东窗前，爱尔寒不凋。"

　　白居易在杭州罚犯人植树的故事更被后人传为佳话。

　　白居易生活的唐朝经济繁荣，重视植树。唐朝制度是按人口分永业田，并要求农民在永业田上栽上榆树、枣树、桑树及"所宜之木"。从唐代著名文学家柳宗元写的《种树郭橐驼传》看，当时长安一带的人，凡是种树美化环境的或谋生而种果树的，都争着让种树能手郭橐驼去给他们作技术指导，足见当时的植树蔚然成风。

　　柳宗元所写的这边文章中，赞颂了一位驼背老人精于植树技术，"驼所种树、或迁徙，无不活，且硕茂蚤实以蕃。"因为他掌握了植树的规律，那就是：苗木要舒展，坑要培平，土要旧土，还要踩密实。

　　柳宗元其实是在以讲植树而讽喻时弊，但也反映出当时植树技术的发展

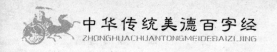
水平。从历史上看，柳宗元确实是重视和提倡植树造林的。他在任柳州刺史的四年中，积极倡导造林，亲手植柑200株，写下了七律《柳州城西北隅种柑树》，又在柳江边种了不少柳树，写了五律《种柳喜题》。

◎故事感悟

　　古人对植树造林、美化环境的思想是很积极的，那么当今社会的我们该怎么办呢？爱护花草树木，要靠我们每一个人的努力，这是我们的责任和义务。从现在开始，从自己开始，我们要爱护花草树木，珍惜每一花每一草。

◎史海撷英

白居易的诗歌理论

　　唐朝时期的著名诗人白居易，其思想综合了儒、释、道三家的内容。他立身行事，往往都以儒家"达则兼济天下，穷则独善其身"来要求自己。其"兼济"之志，以儒家仁政为主，也包括黄老之说、管箫之术和申韩之法；其"独善"之心，则汲取了老庄的知足、齐物、逍遥观念和佛家的"解脱"思想等。两者大致以白居易被贬江州司马为界。

　　白居易一生当中不仅留下了近3000首诗，还提出了一整套的诗歌理论。他将诗比作果树，提出"根情、苗言、华声、实义"（《与元九书》）的观点。白居易认为，"情"是诗歌的根本条件，"感人心者莫先乎情"（《与元九书》），而情感的产生又是有感于事而系于时政。

　　因此，诗歌创作不能脱离现实，必须取材于现实生活中的各种事件，从而反映出一个时代的社会政治状况。

　　可以说，白居易继承了《诗经》以来的比兴美刺传统，重视诗歌的现实内容与社会作用，强调诗歌揭露、批评政治弊端的功能。

◎文苑拾萃

长相思

（唐）白居易

汴水流，泗水流。

流到瓜洲古渡头，吴山点点愁。

思悠悠，恨悠悠。

恨到归时方始休，月明人倚楼。

须知诸相皆非相，若住无余却又余，

言下忘言一时了，梦中说梦两重虚，

空花哪得兼求果，阳焰如何更觅鱼，

摄动是禅禅是动，不禅不动即如如。

杏林春暖的故事

◎是以圣人常善救人，故无弃人；常善救物，故无弃物。——老子

> 董奉（200—280年），又名董平，字君异（一说字君平），号拔墩，侯官县董墘（一说董厝）村（今福建省长乐市古槐镇青山村）人，东汉建安时期名医。董奉少年学医，信奉道教。年轻时，曾任侯官县小吏，不久归隐，在其家村后山中，一面练功，一面行医。

在我国，人们经常用"杏林春暖"、"杏林春满"、"誉满杏林"之类的词语来赞誉医生。那么，杏林和医道到底有什么关系呢？

原来，这些赞誉全都起源于三国时期的董奉。这就是"杏林春暖"的故事。

董奉是三国时吴国人，他不但精通医道，而且乐善好施，远近闻名。

董奉在庐山开了一个私人诊所，每天来请他看病的人络绎不绝，因此小小的诊所常常是门庭若市。

有一天，一个病得很重的人被抬进诊室，董奉立即给他号脉、扎针，又给病人服下一副汤药，病人好一些了。董奉又给他包了几包草药，嘱咐他回家按时煎服。

"多少钱？"病人的家属问道。

"现在不收钱，"董奉擦擦额上的汗说，"等他的病好了再说。"

病人和家属千恩万谢，作揖告别。

其他的人来看病，不论轻重，都不收钱。

过了几天，那位重病人全好了。他背了一口袋铜钱来面谢董医生，同时还补交了应交的医药费。进了诊室，只见董奉正在和另一个病愈的人谈话，前面说了些什么，他当然没法知道，只听见董奉最后一句话是说："……那你就去栽五棵杏树吧。"

那位患者走了，这一位上前来说："董先生，您真是个神医，我的病经您看过以后，当天就大有好转，没出五天，就全好了，我真不知道该怎样感谢您。今天，我把医药费全带来了。"

董奉面露笑容，问："你真要感谢我吗？"

"是呀，是呀，"这一位提起了装满铜钱的口袋，"您要嫌我带的钱不够，我立马回家去取，只要先生您说个数。"

"好，好，"董奉哈哈大笑，"钱你还是带回去，咱们按老规矩办！"

"什么规矩？"

"在我这儿看病，不收钱，只要你的病好了，给我栽几棵杏树就成。大病看好的栽五棵，小病看好的栽一棵。"

这位病人连连作揖，当天就栽下五棵杏树。

由于患者都抱着"受人滴水之恩，当涌泉相报"的心情，所以他们栽树时也都格外认真，树的成活率自然也特别高。没几年的工夫，董奉的房前屋后便栽满了杏树，蔚然成林，总数已经有上万棵了。每年一到春天，这里杏花烂漫，环境优美；夏天，黄杏满枝，丰收在望。董奉卖杏得钱甚多，除买粮买药及日用外，其余多数都用来周济穷人。因此，后来才有了以杏林赞誉医家的种种说法。

◎故事感悟

"杏林春暖"这个词现在更多喻为医德高尚。不过，从它的原始意义中我们可以明白，董奉的这种做法无疑给人们一个启迪：人需要在良好的大自然环境中生活，这就要对自然加以呵护，爱护花草树木，爱护大自然，这样整个地球就会变得更加美丽！

◎史海撷英

董奉行医

三国时期，董奉曾在南方一带行医。他所到地方除了治病赈济外，还经常遍访各地的名山大川，采集野生植物制成丹药，给患者治病。

有一次，董奉到达交州（今广东、广西、越南北部一带），恰好遇到交州太守（一说交州刺史）杜燮病危，垂死已经三日。董奉闻讯后，便赶到杜燮房中，将三粒药丸放入杜燮的口中，用水灌下。稍后，杜燮便手足能动，肤色逐渐转活，半日后即能坐起，四日后居然可以说话行走了，不久后病愈。

因为感激董奉的救命之恩，杜燮便留董奉住在自己的府中。后来杜燮反叛朝廷，他担心董奉泄漏他的密谋，想要杀害董奉。董奉利用气功装死，骗过杜燮后逃走了。

◎文苑拾萃

董奉山与董奉堂

董奉山原名福山，位于今福建省长乐市古槐镇龙田村境内，是后人为了纪念名医董奉才改名的。唐朝时期的李吉甫在其《元和郡县志》中说，福州是"因州西北有福山，故名"。清乾隆《福州府志》中按语说："福山，今名董峰山，属长乐县。"而董峰则可能是董奉的谐音。还有人说，福州得名的福山就是董奉山。

如今，在董奉的老家，古槐镇龙田村与雁堂村交界处还建起了一座颇具规模的董奉草堂。草堂共占地约20亩，主要仿效后汉三国时代的风格而建，四周遍植杏树，使人们可以感受到"杏林春暖"千古佳话的意韵。

董奉草堂中的景观有中国长乐中医馆、"杏林望重"大屏风、清代名医陈修园专馆南雅堂、"百草园"以及各种石刻等景点。在正厅内，还立放了董奉"悬壶济世"的半身塑像。

木奴的故事

◎蓊蓊衡下兰，密密堂前柳。——陶渊明

> 李衡（生卒年不详），三国时期蜀国武陵郡的龙阳人。李衡原本为襄阳人，汉朝末期进入吴国，成为武昌庶民，后来流落到武陵，娶贤女习氏为妻。是三国时期在汉寿种橘故事的主人公。

三国时期，有一个名不见经传的人，名叫李衡，家住在武陵郡的龙阳，也就是现在的湖南省汉寿县。

李衡为人忠厚，勤劳肯干，但因为家居山村，直至中年也没置下什么产业。虽然如此，李衡并不着急，只是注意在农活的间隙在房前屋后栽种几株柑橘。他的这些劳作也并没有引起乡邻们的注意。

不知不觉间，李衡年事已高，终于因劳累过度，一病卧床不起。李衡自知自己已走到了人生的终点，但他并没有悲哀叹息。这一天，他把儿子们叫到床前，对他们说："我这病恐怕是治不好了，你们也不必悲伤，人总是逃脱不了生老病死这个劫数的。"

儿子们都说："爹，您不要这么说，安心静养调治，总能治好您的病的。"

李衡并没有接他们的话茬，接着自己的话说："我一生劳作，没攒下什么家产，只有木奴千头，留给你们，也算是我的一点遗产吧。"

"什么，木奴？"儿子们的眼睛都亮了起来，一个个又喜又惊。

"对，是木奴，"李衡不紧不慢地说，"它们不向你要吃，不向你要穿，可是能给你们挣钱。只要你每年缴上一匹绢的税，好好地伺候它们，它们向你们贡献的东西，就足够你们吃穿用的了。"

"要伺候木奴？"

"是呀，"老人依旧慢条斯理地说，"你不给它们锄草、施肥、浇水、捉虫，它怎么给你们结果呢？"

"哦，您说的木奴就是柑橘树？"一个儿子问。

"可不是吗？好好伺候这一千多棵柑橘树，温饱不愁，就是奔小康也有可能哩！"

说完这句话，老人便溘然长逝。

没几年，李衡老汉栽植的柑橘树都长大了。到了秋天，果实累累，挂满枝头。等柑橘成熟了，摘下去卖钱，一年就有几千匹绢的收益。照现在的话说，李衡的儿子们都成了万元户。邻里乡亲们谁看了都羡慕地跷起大拇指，大家对李衡这种造林致富的实践佩服得五体投地，纷纷称赞说："李老汉真有眼光呀！"

古代最早的植树造林，主要是营造经济林木。这里所说的经济林木，是指为人们提供干鲜果品、油类、糖类、纤维、木材及薪柴等产品的林木。

古代"人君教民"，"以时种树"，特别规定要选那些"丘陵阪险，不生五谷者，以种竹木"，"春伐枯槁，夏取果蓏，秋畜蔬食，冬伐薪蒸，以为民资"，使百姓"生无乏用，死无转尸"之忧。这里说的都是经济林木。古人说得好："果木材植等物，可以自用有余，又可以易换诸物。若能多广栽种，不唯无凶年之患，抑亦有久远之利焉。"

古人造林致富的成效和意义可以从《史记》记载看出："山居千章之材，安邑千树枣，燕、秦千树栗，蜀、汉、江陵千树橘，淮北、常山以南，河济之间千树萩（楸），陈、夏千亩漆，济、鲁千亩桑，渭川千亩竹。"这样的人与千户侯一样富。如果说秦始皇令植行道树、建榆溪塞是为美化环境，那么，司马迁的这段话主要讲的是植树造林的经济意义，很有见地。

古人对于植树的经济效益进行过具体的总结，认为植杨树："三年，中为蚕槌，五年任为屋椽；十年堪为栋梁。以蚕丝为率：一根五钱，一亩岁收两万一千六百文。岁种三十亩，三年九十亩，一年卖三十亩，得钱六万四千八百文。周而复始，永世无穷。比之农夫，劳逸万倍。去山远者，实宜多种，千根以上，所求必备。"认为种榆树也是一本万利，既可做屋材，又可做多种器具，"岁岁科简剥治"，获薪炭之利，又可收榆钱代食，赈救灾荒。榆树有"斫后复生，不劳更种，所谓一劳永逸"的特点，所以种榆既无牛耕种子人功之费，不虑水旱风虫之灾。"比之谷田，劳逸万倍"。如果"男女初生，各与小树二十株，比至嫁娶"，则"聘财资遣，粗得充事"。

◎故事感悟

植树造林，不仅可以美化环境、保护自然资源，而且可以带来丰厚的经济效益。何乐而不为呢？我们就该多提倡这种植树运动。多年来，植树运动的蓬勃开展，对提高全民绿化意识，加快绿化国土和生态环境建设，促进经济发展和社会文明进步起到了重要的作用。

◎文苑拾萃

茅檐下始栽竹

（唐）柳宗元

瘴茅葺为宇，溽暑常侵肌。

适有重膇疾，蒸郁宁所宜。

东邻幸导我，树竹邀凉飔。

欣然惬吾志，荷锸西岩垂。

楚壤多怪石，垦凿力已疲。

江风忽云暮，舆曳还相追。

萧瑟过极浦，旖旎附幽墀。

贞根期永固，贻尔寒泉滋。

夜窗遂不掩，羽扇宁复持。

清泠集浓露，枕簟凄已知。

网虫依密叶，晓禽栖迥枝。

岂伊纷嚣间，重以心虑怡。

嘉尔亭亭质，自远弃幽期。

不见野蔓草，蓊蔚有华姿。

谅无凌寒色，岂与青山辞。

小学生保护白鳍豚

◎人不给自然留后路，自然也不会给人留后路。——格言

1992年1月的一天，在广东省珠江口的大海边，有四个青年农民正在散步。在浩瀚的海面上，一排排巨浪携带着白色的泡沫、绿色的海藻朝岸边涌来。在沙滩上，随处可以看到垩白色的贝壳以及死去的小鱼和小虾。

"快来看啦！那是什么东西？"其中的一个农民突然像发现了新大陆似的大声叫喊起来。

大家都顺着这个农民手指的方向，看到在不远处的海面上飘着一个蓝灰色的东西。

"好像是一条大鱼！"一位农民显然掩不住情绪的激动，首先作出了判断。

"那就太棒了！少说也有几十斤吧。"

"要是一条大鱼，我们可就要发大财啦！"最后说话的那位农民一边说着，一边脱下了自己的鞋子、上衣和长裤，准备下海。

蓝灰色的东西越漂越近了，它的脊背在阳光下十分耀眼。

"哇！大鲸鱼。"那个下海的农民已经可以用手触到它的尾巴了。

另外三个人也脱掉了自己的鞋子和衣服跟着下了海，一起将"大鲸鱼"拖上了岸。

农民毕竟没有太多的海上知识，和鱼打交道的机会少。虽然说他们将这个东西弄上了岸，可他们四个人中谁也说不清楚这究竟是什么东西，反正像鲸鱼吧，看身体圆乎乎的，蓝灰色的脊背，白色的肚皮，不正像《动物世界》节目中在大海里游弋的大鲸鱼吗？

"嗨，这家伙还是活的，一双眼睛还在眨巴，大嘴还一张一合的。"

"管它活不活，先宰了，饱餐一顿，然后将剩下的拿到大街上卖个好价钱。"说话的农民边说边掏出腰间的大水果刀。

正在这时，海边走过来一群小学生。他们上完课，正背着书包排着队走在回家的路上。当他们看见几个农民捕获了一条大鱼后，就都好奇地围过来看热闹。

"你们不能伤害白鳍豚！"其中一个脖子上扎着红领巾的小朋友突然挤了过来，大声地说。

"毛孩子，别多管闲事！"一个农民不屑地瞪了小学生一眼。他手里拿着刀，正考虑着该从哪儿下手。

"你们不能这样干，否则就是违法的！"那个小朋友继续大声说道。

"小朋友，看看那边大海上有多少人在打鱼？我们杀一条鱼，难道也是犯法？再说这鱼不是我们抓的，是它自己送上岸来的。小朋友，我们一起喝碗鱼汤吧。"

"这不是鱼，是白鳍豚。我们老师讲了，白鳍豚是受国家保护的珍稀动物。在我们国家，这种动物已经不多了，你们还伤害它，是要受到法律追究的。"小朋友说得斩钉截铁，不容分辩。

其他小朋友听他这么一说，也都纷纷说话了。这时，其中的一个小姑娘已经飞快地跑去报告有关部门了。

四个农民经小朋友们这么一说，都面面相觑，一时没有了主意。

一会儿，那个小姑娘就带着两位穿制服的叔叔来了，叔叔表扬了小朋友们保护动物的意识，给那四个农民说明了国家保护稀有动物的有关法规。大家一同将白鳍豚抬到珠江里放生去了。

◎故事感悟

呵护自然就是关心我们的家园，保护生物资源就是保护我们生存发展的基础。我们一定要善待大自然，保护生物资源，真正走一条生产发展、生活富裕、生态良好的文明发展道路。地球只有一个，她是人类赖以生存的美丽家园。保护自然，保护资源环境，就是保护我们自己，同时也为我们子孙后代留下美好的家园。

◎史海撷英

白鳍豚

白鳍豚为国家一级保护动物，也被称为白暨豚、白旗。

白鳍豚是鲸类家族中的小个体成员，属于齿鲸科。它们的身体呈纺锤形，全身的皮肤裸露无毛，背部呈浅灰蓝色，腹部白色。体表呈流线形，前肢为鳍肢，背鳍呈三角形。后肢退化，尾部末端左右平展，分成两叶，呈新月形。

白鳍豚的嘴部狭长，约有30厘米，上下颌两边密排着130多颗圆锥形的牙齿，前额呈圆形隆起。在头顶的左上方，长有一个长圆形凹穴状的鼻子或呼吸孔。眼睛只有绿豆粒般大小，已经退化，位于嘴角的后上方。耳朵只有一个针眼大小的洞，位于眼的后方，外耳道已消失。

至今，白鳍豚已经存在有2500多万年了。它们喜欢群居，能在水中探测和识别物体。白鳍豚是一种恒温动物，用肺呼吸，被誉为"水中的大熊猫"，现已濒临灭绝。

◎文苑拾萃

爱护动物的宣传语

（1）保护动物就是保护我们的同类。

（2）地球上没有动物，那是一个没有活力的世界。

（3）是先有鸟还是先有蛋，你不知道，我不知道，只有鸟知道；是鸟先消失还是蛋先消失，你知道，我知道，只有鸟不知道。

（4）动物是人类亲密的朋友，人类是动物信赖的伙伴。

（5）不要让我们的孩子只能在博物馆里才见到今天的动物。

（6）无数事实证明，人类与动物共存亡。

（7）保护野生动物，人与自然共存。

张宇急中生智救天鹅

◎人类对自然生态的道德期望必须与其对自然生态的道德责任相联系，人类与自然生态之间必须建立一种等价交换机制，以此限制、消除人类对自然生态不负责任的邪恶行为和自利欲望的膨胀，匡正天人之间的严重不和谐关系。——张立文《和合学概论》

1995年4月，北京市房山区教育局、林业局联合召开了一次"保护珍禽先进事迹表彰会"。在这次大会上，领导介绍了交道中心小学五年级学生张宇智救白天鹅的模范事迹，小张宇被授予了"优秀少先队员"的光荣称号。

1994年12月的一天，小张宇和妈妈到姥姥家去走亲戚。姥姥家住在另一个村子里，要走很远的路。

母子俩穿过了一片片麦地，快到姥姥家村口的时候，小张宇突然听到了几声扑扑扑的声响，再仔细一看，在发出声响的地方还有一束麦苗在微微颤动。

小张宇怀着一股好奇心，跑过去一看，啊，原来是一只浑身洁白的大鸟。

"妈妈，快来看啦，这儿有一只大鸟！"小张宇大声叫喊起来。

妈妈顿时感到蹊跷："这地方哪来的大鸟？况且听到大喊大叫也不飞走？"妈妈将信将疑地走过去，嘿，果然是有一只鸟。

"这不是白天鹅吗？怎么到了这儿呢？"妈妈感到十分惊奇。

小张宇经妈妈这么一说，恍然大悟："对了，这就是白天鹅，我在动物园看到过的白天鹅！"

"妈妈，您看这白天鹅是不是在这儿下蛋呢？"小张宇看到白天鹅还待在那儿不走，就问妈妈。

"不会是下蛋吧，它大概是受了伤，飞不起来了。"妈妈一边回答，一边走近白天鹅察看了起来。

果然白天鹅是受了重伤，洁白的羽毛上有几丝血迹，一只眼睛还在流着血，上眼皮耷拉了下来。

"是偷猎者干的吧？白天鹅是国家珍稀动物，我们应该救救它！"小张宇对妈妈说。

"多可怜啊，我们先把它抱到姥姥家再说吧。"妈妈也动了恻隐之心。

可是当张宇过去抱白天鹅时，它实在太沉了。妈妈也蹲下来，费了好大的劲才把天鹅抱起来，大概足足有一二十斤重吧。

走了一段路，满头大汗的妈妈觉得很吃力，就对张宇说："我们还是坐下来歇一会儿再走吧。"

"那可不成，偷猎的人找来了怎么办？要不您慢慢走，我先到姥爷家报个信，让姥爷来接您。"张宇说着话，撒开腿就往姥姥家跑。

当姥爷和妈妈刚刚把白天鹅抱回家不久，后面就跟来了两个壮汉。

"刚才是不是你们把我们的白天鹅抱回来了？"其中一个问道。

"凭什么说白天鹅是你们的？"姥爷回答说。

"别啰唆，在你们家就快点给我们，不然我们就不客气了。"其中的一个人还很蛮不讲礼。

小张宇听到这里，心想："如果把这只受了伤的白天鹅给这两人，岂不是白白送了白天鹅的命吗？不，绝不能给他们！"

于是，张宇灵机一动，走上前大声说："你们知道吗？白天鹅是受国家保护的珍稀动物，我们已经把它送到派出所去了，你们是不是要到派出所去？"

两个壮汉听到这儿，两手一摊，无可奈何地走了。

为确保白天鹅的安全，张宇让妈妈立即给派出所打电话。在房山区林业局领导同志的大力协助下，这只白天鹅当天就被送到了北京市野生动物保护站进行了精心的治疗。

又过了一段时间，白天鹅的伤口愈合了，被送往北京动物园定居。

◎故事感悟

　　我们生活的这个地球，本来是属于大自然的。可是，自从人类在这儿产生厮杀，用刀枪撕裂土地，无休止地乱砍滥伐，残忍地捕杀人类的朋友——野生动物，又无理地侵占动物的领地，便造成种种动物处于被灭绝的危险境地。这明显违背了自然规律。违背自然，也就是违背了客观存在的规律，如果规律被破坏，那么它所产生的后果是可想而知的。

◎史海撷英

国家关于野生保护动物致害补偿的规定

　　到目前为止，国家尚且没有一部法律或行政法规对野生保护动物致害补偿问题加以系统的规定。有关的规定最早见于1988年颁布的《中华人民共和国野生动物保护法》。

　　该法的第14条规定："因保护国家和地方重点保护野生动物，造成农作物或者其他损失的，由当地政府给予补偿。补偿办法由省、自治区、直辖市政府制定。"

　　2004年，《中华人民共和国野生动物保护法》在修改后，关于野生保护动物致害的补偿问题仍然沿用原来的规定。

　　除此之外，1992年2月经国务院批准、林业部发布的《中华人民共和国陆生野生动物保护实施条例》第10条中，作了进一步规定，即"有关单位和个人对国家和地方重点保护野生动物可能造成的危害，应当采取防范措施。因保护国家和地方重点保护野生动物受到损失的，可以向当地人民政府野生动物行政主管部门提出补偿要求，经调查属实并确实需要补偿的，由当地人民政府按照省、自治区、直辖市人民政府有关规定给予补偿"。

◎ 文苑拾萃

爱护动物的标语

（1）关爱野生动物，保护美好家园！

（2）保护野生动物，实现人与自然和谐共处！

（3）保护鸟类，保护野生动物，维护生态平衡。

（4）爱鸟护鸟是人类的美德。

（5）保护野生动物，维护生态安全！

（6）野生动物是人类的朋友！

（7）同在地球上，共享大自然！

（8）保护野生动物就是保护人类自己！

（9）同在蓝天下，人鸟共家园。

（10）鸟是害虫的天敌，人类的朋友。

（11）关注候鸟，保护环境。

（12）保护鸟类，保护野生动物，人人有责。

（13）动物是人类的朋友，请保护动物。

（14）绚丽生灵，缘于自由天然！

伟子与大雁

◎大地给予所有的人是物质的精华，而最后，它从人
们那里得到的回赠却是这些物质的垃圾。——格言

在一座普通的农家小院中，院墙上的小草在秋风中摇曳。伟子一家人又
到了吃晚饭的时候。这时伟子对爸爸说："爸，我们今天还是在院子里吃晚
饭吧。"

伟子一边说着话，一边呆呆地望着秋天里蔚蓝的天空。

爸爸知道儿子伟子的心思，儿子最喜欢的，就是听大雁飞过时那呼呼的
声响和嘎嘎的欢鸣。

自从学会走路，伟子就对大雁产生了一种特殊的感情。每年秋天到来的
时候，北方飞来的大雁总是从院子的上空掠过，它们有时排着一字形，有时
排着人字形向南方飞去。伟子每次都高兴地站在院子的中央，昂着头，眼睛
一眨不眨地目送一队队大雁远去……

这时，爸爸从里屋搬来了桌子和椅子，妈妈摆上香喷喷的饭菜，一家人
正要吃饭。突然，扑哧哧一阵响声从院子外边传来。伟子急忙放下碗筷，直
冲院门奔去。

在院墙边的柳树下，一只大雁在地上拍打着翅膀，打着旋儿。伟子心里
一惊，不好了，一定是一只受伤的大雁。

伟子蹑手蹑脚地走到大雁的旁边，大雁停止了扑打，它好像并不害怕人，
睁大眼睛看了看伟子，开始用嘴梳理自己的羽毛。

"啊！不好了，它受伤了！"伟子发现在大雁的身子下有一些殷红的血。

"快把药箱拿过来。"爸爸说。

伟子把药箱拿来了，父子俩开始用药水给大雁敷伤。爸爸将大雁抱在怀里，伟子用棉团蘸了红药水给大雁涂伤口。然后父子俩将大雁抱回了家，在家里的墙角下铺了一些干草，让大雁卧在那儿休息。妈妈也拿出一碗食物和一碗水，放在大雁的嘴边。

爸爸妈妈都忙家务去了，伟子便一个人坐在大雁的旁边，像陪病人一样陪着它。一连几天，伟子给大雁换药、喂食，每天忙得不亦乐乎。大雁开始还很拘谨，几天之后，它就和伟子混熟了。有时，伟子在前面走，大雁就跟在他后面嘎嘎地叫。

一天夜里，天突然下起了大雨，屋檐上的水哗哗哗地直往下淌。伟子担心大雁被雨淋着，就叫醒了爸爸，想给大雁挪个窝，可是大雁硬是不愿意动。爸爸想了一个好办法：拿来一把大桐油伞，撑在了大雁的上面。大雁躺在暖和的干草上，平平安安地度过了一夜。

第二天，爸爸就用家里的木板给大雁做成了一座小房子，小房子里面铺了许多干草。可以想象得出，大雁住在里头，一定非常舒服。

转眼到了冬天，伟子又和爸爸在大雁的小房顶上盖上了一层厚厚的干草和秸秆，以免大雁受冻。

冬天终于过去了，春天来临了，树梢上开始泛绿，院子里墙角下的小草也探出了嫩芽。大雁的伤口已经完全愈合了，可以在院子里自由地跳来跳去，有时还能飞上墙头。

有一天，伟子正在屋子里做功课，突然听到院子的上空传来一阵阵嘎嘎的雁鸣，接着便是一阵大雁扑打地面的声音。

伟子急忙跑出来，看到院子的上空一队队大雁正在掠过，而小屋里的那只大雁也已经跑到了院子的中央，伸长了它那长长的脖子，望着天空，振翅欲飞。

伟子抱起大雁，用双手举过头顶，大声说："飞吧，大雁！"

大雁双翅一扇，直冲云天而去。伟子的眼眶里噙满了泪花。他望着自己的那只大雁飞进了雁阵，影子渐渐消失，声音也渐渐地消失在遥远的天际……

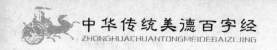
◎故事感悟

"真正检验我们对环境的贡献不是言辞，而是行动"。虽然我们现在做的只不过是一些微小的事情，但我们坚信，只要我们人人都有保护环境的责任心，从自己做起，从小事做起，携手保护我们的家园，自然就会给人类应有的回报。顺应自然，保护动植物资源，我们的世界才会更加和谐！

◎文苑拾萃

《保护动物，人人有责》节选

佚　名

尽管各国政府三令五申禁止捕杀老虎，但还是有一些酷爱金钱的人常将它们当做摇钱树，这连政府都无法约束，法律都无法制服：1967年，在印度有480头老虎被猎杀；1991年，大量的西伯利亚虎被偷猎；1993年，在印度从偷猎者手里查获了867斤虎骨……

不过有一只老虎就有一丝希望，只要我们每个人都努力地救助它们，它们还是有可能逃脱这一生死攸关的时刻的！

我们常说"动物是人类的朋友"，可就上述事实，人类是否将动物当朋友看待呢？人人都在为保护动物献出自己的一份力量，而偏偏有那么一部分人，利令智昏，疯狂地捕杀野生动物。难道我们对动物作出的"承诺"失效了吗？难道我们都不去想想这样做的严重后果吗？不要再不择手段地伤害危在旦夕的野生动物了，生态灾难不能重演！

最后，我以一个地球人的身份呼吁大家：保护动物，人人有责！

ZHONGHUACHUANTONGMEIDEBAIZIJING
中华传统美德百字经

顺·顺其自然

第二篇

治理自然环境

伯益的贡献

◎一味地掠夺自然，征服自然，只会破坏生态系统，
咎由自取，使人类濒于困境。——格言

伯益（生卒年不详），亦作伯翳、柏翳、柏益、伯鷖，又名大费。《史记·秦本纪》记载伯益是五帝中颛顼的后代，嬴姓的始祖。《史记·秦本纪》记载："大业取少典之子，曰女华，女华生大费。"大业即皋陶，可知伯益父系具有东夷族少昊与黄帝族颛顼血统，母系一方则来自少典氏。它是我国上古时期中原地区非常著名的氏族，黄帝和炎帝都是在这个氏族诞生的。

我国古代有一部著名的地理学著作，名叫《山海经》，里面记载了很多莫名其妙的地名。现在的人经过多方考证，发现其中的很多记载并非胡说八道，而是确实有其地。人们愈深入考证，就愈发现这本《山海经》高深莫测，从而越发惊叹，在古代没有什么交通工具，没有什么像样的测量手段，人们是怎样写出这样博大精深的鸿篇巨制的呢？

《山海经》是谁写的？看起来不是一时一人的著作，而是经历多年多人的集体著作。可是，古时有很多人说，《山海经》是伯益一个人写的。

单凭古人对伯益的崇拜，我们就可以想象，伯益绝不是等闲之辈。

可以想象，4000年前的中原大地和现在的面貌肯定是迥然不同，到处林木森森，鸟兽随时可见。我们仿佛听到在繁茂的草木丛中，忽然传来一阵啁啾鸟鸣，在百鸟翔集一处的时候，草丛中走出一个年轻英俊的猎人，原来惟妙惟肖的鸟叫是他学的。

过一会儿，一只凶猛的野猪掉进了陷阱。年轻人一声口哨，招来了四五

个猎人，大家对年轻人的本领赞不绝口……

这位本事高强的年轻人，就是伯益。

伯益是一位传说中的人物，也是一位真实的历史人物。不过在历史上，一般只是把他看做一个政治家，实际他还是一位杰出的科学家。

伯益又称益，或柏翳。他的科学贡献是多方面的：《汉书·地理志》中称"伯益知禽兽"，当指他了解禽兽的行为、习性等，具有丰富的动物学知识；《后汉书·蔡邕传》中说他"综声于鸟语"，指他会模仿百鸟之声，这在当时是很了不起的，堪称"鸟类语言学家"。

而伯益的最大贡献是在治理环境方面，这自然同他懂得较多的科学知识有关。

在伯益还很年轻的时候，人们的生活环境是很恶劣的。帝舜继承尧的职位后，进行了一系列的社会改革，设立了世界最早的环境部——管理山泽禽兽的虞，任命了年轻有为的伯益担任部长。很多古书上还详细地记载了当时舜主持部落联盟议事会任命伯益的情形。

帝舜问："谁来管理山林川泽草木鸟兽的事好呢？"

大家都说："伯益可以。"

帝舜说："好，那就请伯益做咱们的虞官吧！"

伯益谦虚地辞谢说："让朱虎熊罴干吧。"

舜说："好啦，好啦，就这样吧，你为主，他们为辅，大家一块儿干吧。"事情就这样定下来了。

从那时起，历史上才有了管理环境的官——虞，各朝各代环境官员的名称和职责不尽相同，西周有川衡、林衡、虞人、麓人，春秋战国时各国分设有衡鹿、舟鲛等，一直延续到汉、唐和明清时期。

后来，大禹因治水有功，继承了舜的职位，深受人民的爱戴。在大禹的晚年讨论继承人的时候，各部落都推举了刑官皋陶，但皋陶很快就死了，于是大家又推举伯益作为大禹的继承人。这也说明，作为环境部长的伯益在当时是有很成就的，威信相当高。

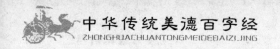
　　大禹死后，伯益继承了帝位，然而大禹的儿子启借助父亲的威信，暗中结党营私，靠阴谋手段夺取了伯益的职位，并将伯益杀死了。

◎故事感悟

　　伯益作为我国古代的一位科学家，世界最早的"环境部长"，对历史的贡献是很大的，在百姓中享有崇高的威望，后人甚至亲切地称他为百虫将军。后世人这样崇拜伯益，当然与伯益在那个时代所作的奉献是分不开的。

◎文苑拾萃

伯益出身族望

　　伯益也称伯翳、柏翳、柏益、伯黳、大费等，是皋陶之子。《史记·秦本纪》中载："大业取少典之子，曰女华，女华生大费。"大业也就是皋陶。

　　由此可知，伯益的父系具有少昊与黄帝族颛顼的血统，而母系一方则来自少典氏。少典氏也是我国上古时期中原地区非常著名的氏族，黄帝和炎帝都是由这个氏族诞生的。

　　伯益被称为大费，可能是由于他居住在封国费地，而且其后嗣都以费为氏的缘故。

大禹治水

◎水光山色与人亲，说不尽，无穷好。——李清照

> 禹（生卒年不详），姒姓夏后氏，名文命，号禹，后世尊称大禹。夏后氏首领，传说为帝颛顼的曾孙，黄帝轩辕氏第六代玄孙。他的父亲名鲧，母亲为有莘氏女修己。相传禹治黄河水患有功，受舜禅让继帝位。禹是夏朝的第一位天子，因此后人也称他为夏禹。他是我国传说时代与尧、舜齐名的贤圣帝王，他最卓著的功绩，就是历来被传颂的治理滔天洪水，又划定中国国土为九州。后人称他为大禹，也就是伟大的禹的意思。

传说在我国古代，经常闹水灾，人们常常把洪水和猛兽作为两种难以战胜的自然力量来看待。

距今4000多年以前，尧的时代是洪水的多发时代，洪水无情，淹没了人畜和房屋，冲毁了田地和道路，破坏了生态平衡。尧是一个非常贤明的君主，他非常体恤下情，又有民主作风。为了能够战胜洪水，他号召人们推举有能力的人出来领导大家去和洪水作斗争，于是人们推举了鲧。

鲧对治理洪水工作非常认真负责。他带着大家到处筑坝拦洪，但是坝筑得越高，洪水就越大，到头来耗掉了大量的人力和物力，不但没有止住洪水的泛滥，反而搞得天下滔滔。

舜即位后看到鲧对于治水束手无策，耽误了大事，就在羽山把鲧处死了。同时，舜又命令鲧的儿子禹继承父亲的事业，带着大家继续治理洪水。

　　禹汲取了鲧在治水过程中的沉痛教训，他率领着一批助手巡遍了九州，勘察了容易发生水灾的许多地方。每到一地，他便请教当地的老百姓了解水文资料，搜集人们对于治理洪水的成功做法。老百姓知道禹是为了治理洪水而来的，都积极踊跃地献计献策，帮助禹制定治理洪水的可行方案。

　　禹带领着他的助手们在外调查水文资料，风餐露宿，备尝艰辛，一干就是13年。在这期间，他们吃的是粗糙的食物，穿的是又破又烂的衣衫，跋山涉水，流血流汗。有许多同伴死去了，禹就在野地里举行一次简单的葬礼，用一堆黄土将同伴掩埋。或者是按当地的民俗，举行水葬，事后又投入到紧张的工作之中。

　　禹有三次路过自己的家门口，但他都顾不上进去看一眼。其中有一次，妻子临产，他听到了自己儿子出生时哇哇的啼哭声，也听到了妻子在产床上痛苦的呻吟声。助手们都劝他回家看看，但他担心耽误工作，硬是没有进去。

　　由于长年累月在外工作，禹的手上长满了老茧，脚底长满了趼胝，脸被太阳晒得黑黑的，脚趾甲也脱落了，小腿上的汗毛也掉光了，头发上的簪子也不知丢到什么地方去了。他手下的人在他的带动下，克服重重的困难，初衷不改，一直跟着禹日夜奔波，终于完成了浩大的工程调查。

　　通过认真的前期准备，禹和他的助手们得出了一个正确的结论：水，只能疏导，不能壅塞。于是，禹又发动百姓凿山开渠，把洪水引向大江大河，最后导入大海。在今天的山西河津与陕西韩城之间有一座高山，正好挡住了黄河的去路。奔腾的河水到了这里找不到出路，就溢出了河床，四处泛滥，两岸的广大地区经常是一片汪洋。

　　禹认为这里是一个治水的关键，决定凿开一个缺口，替黄河找一条出路。于是，禹便带领着大家克服了许多难以想象的困难，终于把山劈成了两半，黄河水被驯服了。后来的人们为了纪念禹的丰功伟绩，就把这座山命名为龙门山，把这个劈开的山口取名为禹门口。

◎故事感悟

大禹极力治理自然环境，为自然的发展机制起到了平衡和顺承的作用。大禹在我们民族保护环境、治理自然环境的历史上占据着重要的地位。大禹治水的成功，在中华民族的文明史上竖起了一座数千年来令华夏子孙仰止的丰碑。

◎史海撷英

大禹传教化

古代时，东南地区被称为"九夷"，也就是住着九个较大的部落。大禹即位后，为了加强对东南地区的统治，曾几次出巡该地区，传播中原文化和礼教，受到了当地老百姓的尊敬和礼遇。

一路上，大禹都向当地人询问习俗，鼓励农耕，告其农时，播种五谷，教育部族的酋长们讲礼仪、知法度，不以强凌弱，要与百姓和睦相处。同时大禹又宣布，如果有不听教化的人，就要以兵征讨，决不客气。

当时，古越部落的酋长防风氏总是想独霸一方，自称越人各部落之长，不听大禹的命令。大禹便在苗山大会上当众命令将其处死，并暴尸三天。各地诸侯、方伯见状，深知夏王朝的威力和大禹的神圣，此后便再不敢冒犯禹王。而那些没有参加朝见禹王的氏族部落听说这件事后，也都纷纷向夏王朝进贡称臣。

由于禹是活动在崇山一带的夏部落的首领，故而被称为夏后氏，他所建立的中国历史上的第一个王朝就被称为夏。

夏王朝的建立，也标志着中国原始社会的结束、阶级社会的开始，是中国古代社会发展史上的一个重要里程碑。

◎文苑拾萃

夏禹

（宋）王十朋

洪流浩浩浸寰区，民杂蛇龙鸟兽居。

长叹当时微帝力，苍生今日尽为鱼。

商汤爱鸟网开三面

◎钓而不网，弋不射宿。——孙子

> 　商汤（？—前1588年），子姓，名履，庙号太祖，为商太祖。商朝的创建者（公元前1617—前1588年在位），在位30年，其中17年为夏朝商国诸侯，13年为商朝国王。今人多称商汤，又称武汤、天乙、成汤、成唐，甲骨文称唐、大乙，又称高祖乙，商人部落首领。

　　《史记·殷本纪》中记载：商朝时，有个人在山上四面布网，祈祷鸟兽尽入网中。商汤发现后，下令这个人撤去三面布网，只留一面。后来人们便以"网开一面"来比喻法令宽大，恩泽遍施。

　　这个故事让后人感触良多。秦朝时期，采用商鞅重典治国，其结果是"邪并生，赫良塞路，囹圄成市，天下愁怨，溃而叛之"。由此可见，治国之道重在化盗而不在禁盗，对犯罪应重在教育挽救，轻打击处罚。

　　我国最早有关环境保护的记载，就是《史记》中这篇关于商汤爱鸟网开三面的故事，说明古人那时已经开始认识到，要想利用自然资源，尤其是生物资源，就必须要保持良好的生存环境，必须注意保护和合理开发，反对过度利用。尽管刚开始时可能认识不够明确，但经过逐步深化和不断完善，到了宋代时期，人们已经初步认识到了生态平衡的问题。

　　此外，自周代开始，就已经有了较完善的环境保护机构及制度，加上我国古代时期对祖先的崇拜及几千年礼仪制度遵从的心理态势，使得这些古训和制度得到了普遍、严格的执行。上至国君诸侯，下至平民百姓，都将保护自然、爱护环境作为人们共同遵守的准则。这其实已经形成了一种历史文化环境观念，将人类、自然、文化（礼仪、古训、法规等）看成是一个相关的整体，这是传统伦理观念的具体体现。

另外，我国古代的环境观、自然观以及许多相关的理论，如风水相地学、"天人合一"的思想等，也都为我们在今天的环境与景观规划中研究生态伦理问题提供了很多有益的启示。

◎故事感悟

商汤"网开三面"，起到了保护鸟类的作用，为自然资源的可持续发展作出了巨大贡献。这个故事也告诉我们：要想利用自然资源，尤其是生物资源，保持良好的生存环境，就必须注意保护环境资源，合理开发，反对过度利用。

◎史海撷英

鸣条之战

鸣条之战是发生在大约公元前1600年，商汤在鸣条（今河南省洛阳市附近，一说在今山西省运城市夏县之西）灭亡夏朝的战争。

当时，商汤简选良车70乘，"必死"6000余人，联合各方国的军队，采取战略大迂回的战术，绕道到夏都的西部，然后出其不意、攻其无备，突袭夏都。夏桀仓促应战，西出拒汤，同商汤的军队在鸣条一带展开了决战。

在决战中，商汤的军队奋勇作战，一举击败了夏桀的主力部队，夏桀败退，投奔到属国三朡（今山东定陶东一带）。随后，商汤乘胜追击，攻灭了三朡。夏桀穷途末路，只好率领少数残部仓皇逃奔到南巢（今安徽寿县南），不久便病死在那里，夏王朝就此宣告灭亡。

商汤回师西亳（今河南偃师西）后，召开了众多诸侯参加的"景亳之命"大会，得到了3000多名诸侯的拥护，取得了天下共主的地位。

就这样，在夏王朝的废墟之上，一个新的强盛的统治王朝——商朝建立了起来。

◎文苑拾萃

商　汤

佚　名

夏桀苛政残暴昏，骄奢淫逸造孽深。

商汤挥戈振臂呼，诸侯狼烟起征尘。

夏商更迭新朝始，汤诰群臣勤于民。

促农减赋兴民法，八方诸侯朝圣君。

里革割渔网护资源

◎生之有时而用之无度，则物力必屈。——贾谊

> 鲁宣公（生卒年不详），即姬馁。为春秋诸侯国鲁国君主之一，是鲁国第二十任君主。他是鲁文公的儿子，母敬嬴，次妃，为文公所宠。承袭鲁文公担任该国君主，在位18年。

这个故事，发生在春秋时期的鲁国。

有一年夏天，鲁国的国君带了一些随从到离首都不远的泗水去捕鱼。来到河边，选一处水深流缓的地方，鲁宣公正要亲自把网撒下去，突然来了一个人，一把抢过鲁宣公手里的渔网，二话没说，扯了个稀烂，扔在了地上。

来人是这样急急忙忙，以致鲁宣公和他的随从还没有醒过味儿来，他的动作就完成了。鲁宣公的随从们当然怒不可遏，这还了得，竟敢撕国君的渔网？可他们看到撕网的人不是寻常百姓，而是当朝大夫里革，也就不好贸然发作。大家一个个都望着脸色尴尬哭笑不得的鲁宣公，只等他一句话，便可以一齐上前，把里革撕了扔到河里去喂鱼。

没等鲁宣公说话，里革走到鲁宣公面前，先开了口。

只听里革激动得声情并茂地对鲁宣公说："古时候规定，大寒以后，藏伏在土里的昆虫才振作起来，掌管川泽禁令的水虞向人们讲习使用网钩捕鱼的方法，捕捉大鱼大鳖，拿到庙里举行祭祀，然后再让老百姓照着去做，这是帮助阳气上升；春天，鸟兽即将繁殖，鱼鳖正往大里长，掌管鸟兽禁令的兽虞

便禁止人们使用兽网、鸟网之类的工具去捕捉鸟兽，只打一些大鱼来制作夏天用的鱼干，这是为了确保鸟兽的正常繁殖；夏季，鸟兽长大了，鱼鳖要繁殖了，水虞便禁止用细网捕食，只是设置陷阱捕禽兽，用来作供祖宗的贡品和宴请宾客，这样做只不过是有备无患而已。况且，古时就有规定，山上再生出来的树条不应再砍，湖中未长高的水草不得去割，捕鱼不能连小鱼一块儿捕上来，捕兽不能捕猎小兽，应该让它们长大，要鞠育鸟雏、保护鸟卵以使它们长成，捕蚂蚁和蝗虫也要留下它们的幼虫。让万物繁衍生息，这是自古就有的规定。"

说到这里，里革竟用手指着鲁宣公说，"现在鱼刚好在孕育，您不叫鱼鳖繁衍生殖，又撒网捕捉，简直是贪得无厌！"

里革的这一番话，直说得鲁宣公的脸红一阵白一阵，不住地撇嘴。

鲁宣公的那几个随从则暗自幸灾乐祸，心说，好你个里革，你撕了网不说，还敢点着鼻子指责国君，这不是老虎嘴上拔毛吗？哼，你别神气，只要鲁宣公一句话，管叫你这辈子再也神气不起来，说不定连你的小命也得搭上。

里革说完，大家面面相觑，都望着鲁宣公，许多人的眼神里似有为鲁宣公打抱不平的意思，甚至有人都做好准备，只等主子一声令下，便把里革拿下。

然而鲁宣公却低着头，好半天没说话。

过了一会儿，鲁宣公忽然抬起头来，把里革拉到自己的身边，说："我有错，里革给我指出来了，这很好嘛。这条破网真好，它给我带来了古人之法。你们给我把这条破网好生保存起来，让我永远不忘记它。"

周代生物资源保护的范围相当广泛，不仅包括草木鸟兽鱼鳖这些与人们生活关系十分密切的生物资源，还包括了蚂蚁和蝗虫之类的昆虫。

周代保护生物资源的目的也十分明确，就是出于使生物资源得以繁衍再生的需求。周代不仅有保护生物资源的专职官员水虞、兽虞等，而且建立了比较完善而又被普遍执行的制度，以至连诸侯国君都不敢违犯它，这确实是非常不易的。

◎故事感悟

在这个故事里，里革很系统地向鲁宣公申述了古时保护生物资源的规定。这清楚地告诉我们，周代保护生物资源的规定十分具体和严格，什么时节可以采伐草木，什么时候可以捕猎鸟兽鱼虫，都有非常明确的规定。总而言之，从里革撕网的故事可以看出，先秦对环境保护，尤其是生物资源的保护是多么重视！

◎史海撷英

鲁宣公欣然从善

春秋时候，莒国的太子仆被其君父纪公废去，另立其弟季佗为太子。仆对此怀恨在心，便联合国人杀死了父亲纪公，又窃去莒国的国宝投奔鲁国。

鲁宣公因为贪爱莒国的国宝，便收留了这位流亡的太子，并给鲁国的正卿季文子写了一道命令，命令说："莒太子投奔我，是信任我。你替我赏赐给他城邑让他居住，今天就执行，不能违我命令。"

太史里革恰好碰到了传送命令的仆人，就把命令改写成："那个莒太子杀死了他的父亲，又偷了宝物，来到我国，他不仅没有认识到自己的凶残顽劣，还来亲近我。你赶快替我把他赶出去，今天就执行，不能违我命令。"

第二天，司寇便向鲁宣公复命说，已经将莒太子驱逐出境了。宣公问他为什么这样做，仆人便如实地述说了太史里革改写命令的事。宣公派人抓来里革，怒气冲冲地问他道："违犯君主命令该当何罪，你大概听说过吧？"

里革从容地回答说："违犯君主命令犯死罪，我听说过。不过我还听说过：偷窃国宝的人是贼，掩护贼的人是窝主；对那个让你成为窝主的人，我不能不赶他出境。当然，我是违犯了君主命令的人，也不能不处死我。"

鲁宣公听了里革的话，马上一改自己发怒的表情，和气地说："寡人实贪（莒太子带来的宝物），非子（里革）之罪。"于是马上释放了里革。

管仲投身环保

◎只有顺从自然，才能驾驭自然。——格言

> 管仲（约公元前723或前716—前645年），姬姓，管氏，名夷吾，谥曰"敬仲"。齐国颍上（今安徽颍上）人，史称管子。春秋时期齐国著名的政治家、军事家。周穆王的后代。辅佐齐桓公成为春秋时期的第一霸主，所以又说"管夷吾举于士"。管仲的言论见于《国语·齐语》，另有《管子》一书传世。

管仲早年曾经做过生意，后来被齐桓公任命为宰相，辅助齐桓公进行了一系列的政治、经济改革，使齐国很快强大起来，并曾九合诸侯，一匡天下，使齐桓公成为春秋时期的第一霸。

管仲在齐国担任宰相的时候，从发展经济、富国强兵的目标出发，十分注意对山林川泽的管理以及对生物资源的保护。在《管子》一书中，管仲就曾经比较充分地阐述过自己的一整套保护思想。

管仲认为，山林川泽是很重要的自然资源，是生产自然资源的地方。如果山岭不是光秃秃的，而是长满了树木，人们就会不缺材木用；如果河湖不败坏，而能好生经营，人们就不愁鱼不够吃。

有一次，管仲对齐桓公说，不能很好地保护山林川泽的人，不配当国家的领导人。

齐桓公问他：这话怎么讲？

管仲回答说，山林川泽是出产薪柴、木材和水产品的地方，政府应当把山林川泽管起来保护好，到一定的时候，让百姓到山里去樵柴，下水去捕鱼，

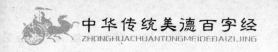
然后政府按官价收购，人民也可以因从事这些营生而得到效益。

齐桓公听后，很赞同管仲的说法。

管仲在总结黄帝、有虞、夏后、殷人等古代帝王处置山林川泽的经验教训的基础上，明确地提出并实行了保护生物资源的政策。

首先，管仲对山林川泽实行了严格的国家垄断。他说："如果山里面有丰富的自然资源，就要封山，禁止樵采。有动封山的，罪死而不赦。有犯令者，左足入，左足断；右足入，右足断。"

管仲主张用立法和执法的手段来保护生物资源，主张普遍建立一个管理山林川泽的机构，并设置官员。为此，他向齐桓公提出了"泽立三虞，山立三衡"的建议，又提出了虞师的职责是要制定山林防火的法令，把山林川泽看管起来，不让人们随便去采集捕猎。

管仲说，山林川泽是出天财的地方，要按时封禁和开发，使百姓有足够的木材盖房子，有足够的柴禾做饭吃。这就是虞师应该干的事。

管仲的这些论断后来曾多次被后人引用过，因此可以称得上是关于虞师职责的权威性论述。

管仲反对对山林川泽的过度开发。他说：山林虽然离得近，草木虽然长得好，但建造房屋宫室必须有个限度，封禁与开发必须有一定的时间。

管仲关于山林川泽"以时禁发"的原则，体现了对自然资源实行保护与利用相结合的思想。

在一篇名叫《问》的社会调查提纲中，管仲明确提出：工尹砍伐木材，不得在春、夏、秋三季进行。在《轻重己》篇中，他又具体规定了春、夏、秋、冬四季的禁令。比如对于夏天的禁令是这样规定的：从春分那一天算起，数46天，即为春天结束、夏天开始之日。天子要发出号令说："不要干兴师动众的事，不要纵大火，不要砍倒大树，不要诛杀大臣，不要斩伐大山草木，不要割水草烧灰。"他说："春政不禁则百长不生，夏政不禁则五谷不成。"这些话体现了管仲保护生物资源、合理利用生物资源以使之正常增殖的明确认识。

管仲认为，管制山林川泽，保护生物资源，并不是把山林川泽封禁起来不让利用，而是按照规定的季节开放，让人们去利用其间的生物资源。

有一次，齐桓公问管仲，一个国家的国本是什么？

管仲回答说，人最怕的是饿肚子，怕税敛太重。解决的办法，就是按时开放山林川泽让人们去利用而不征税。又说，山林川泽草木鸟兽鱼鳖各以规定的时节去采伐猎捕，老百姓就不会不守法度，滥采乱伐，就会重视农业生产。

为此，他还提出了有名的"泽梁时纵"、"山泽各以其时至"、"以时禁发"的口号。在这些口号中，不管"泽梁时纵"也好，"山泽各以其时至"也好，"以时禁发"也好，关键是一个"时"字，即按照规定的时节进行。

管仲还以经济手段来保障他的"以时禁发"的政策，制定了"毋征薮泽以时禁发"，和"山林泽梁以时禁发而不征"的政策，意思是山林与水泽只要按时封禁与开放，老百姓在开放时间内去采集捕猎都免征赋税。没有雄才大略的人，是不敢制定这样的政策的。

管仲的保护思想的重要特点之一，就是他的保护措施同经济发展和国计民生相配合，成为富国强兵方略的一个重要组成部分。

从上面的记事中可以看出，管仲采取的许多禁发措施都是保障农业生产发展的。关于这种思想，他自己讲得很清楚："山林虽广，草木虽美，禁发必有时；国虽充盈，金玉虽多，宫室必有度；江海虽广，池泽虽博，鱼鳖虽多，网罟必有正，船网不可一财而成也。非私草木爱鱼鳖也，恶废民于生谷也。故曰，先王之禁山泽之作者，专民于生谷也。"

这段话翻译过来就是：山林虽然广大，草木虽然长得好，但封禁与开发必须有定时；国家虽然富裕，金玉虽然很多，兴建房屋宫室必须有限度；江海虽然广阔，湖沼虽然众多，鱼鳖虽然丰富，渔业必须由公家管理，拥有船网的老百姓不可只依靠渔业来维持生活。这并不是专门偏爱草木鱼鳖，而是怕老百姓荒废了粮食生产。所以说，先王所以要禁山泽，限制人们进山砍伐、下水捕捞的活动，为的就是使人们专务粮食生产。

◎故事感悟

　　管仲保护资源、合理利用资源的思想，对后世影响很大。从今天的观点来看，我们不能完全赞同他采取的某些措施，但是，他的"以时禁发"的观点，合理利用自然资源的观点，把生物资源保护与人类生产发展紧密结合的思想，直至今日仍值得我们借鉴。

◎史海撷英

管仲与鲍叔牙

　　管仲有一位好朋友，名叫鲍叔牙，两个人有很深的交往，曾经一起经商。在经商过程中赚了钱，管仲总是多分给自己一些，少分给鲍叔牙一些，而鲍叔牙却从来不与管仲计较。对此，人们背地议论说，管仲贪财，不讲友谊。鲍叔牙知道后，就替管仲解释，说管仲不是不讲友谊，也不是只贪图金钱，他这样做，是由于他家中贫困，有老母亲需要照顾，而多分些钱给他也是我情愿的。

　　管仲曾三次参加战斗，但三次都从阵上逃跑回来，因此人们都讥笑他，说管仲贪生怕死，没有勇敢牺牲的精神。鲍叔牙听说了这些讥笑后，深知这不符合管仲的实际情况，就向人们解释说，管仲不是怕死，而是因为他家有年迈的母亲全靠他一人供养，所以他才不得不那样做的。

　　管仲同鲍叔牙的友情非常诚挚，他也多次想为鲍叔牙做些事情，但都没有办成；而且不但没有办成，反而给鲍叔牙带来了很多麻烦，还不如不办好。因此，人们都认为管仲没有办事的本领。但鲍叔牙却不这样看，他心里明白，自己的朋友管仲是个很有本领的人。事情所以没有办成，只是由于机会没有成熟罢了。

　　在相互长期的交往过程中，管仲和鲍叔牙两人结下了深情厚谊。管仲曾多次对人讲过：生我的是父母，知我的是鲍叔牙。

◎文苑拾萃

管仲二首

（宋）陈　造

（一）

棠潜俄正鲁封圻，施伯安翔稛载归。
屍授夷吾宁复此，君臣应愧始谋非。

（二）

平生勋业载成书，胁制诸侯只霸图。
盍继车攻奏嘉颂，迄今璧帛篚东都。

管仲讲国土整治

◎山中何所有？岑上多白云。只可自怡悦，不堪持寄君。——陶弘景

在我国古代，国土整治还有一定的理论指导。特别是先秦的时候，对全面的国土整治相当重视，进而将国土整治视为立国之本，认为一个国家的国土与环境整治得好不好，关系到这个国家的生死存亡。荀子说，看一个国家的治乱状况，只要到这个国家的疆土上看一看就一清二楚了。如果进入该国境内，看见它的田地荒芜，城邑败坏，那么，这个国家一定乱得很。

荀子在谈到国家各种官吏的职责时，对于国土整治的内容有专门论述。除讲到虞师专管山林川泽外，规定司空的职责是修堤筑坝，开沟通洫，放泄积水，保护好水库。天旱放水浇地，雨涝则关闭库门，按时节开决和堵塞。这样，虽然遇上水旱灾害的年头，老百姓仍能有一定的收成。同样也讲到要根据土地的高低、肥瘦，确定所种植的作物，这是司田的职责。

在荀子之前的管仲对国土整治的论述更多。

在《立政》篇中，管仲全面论述了君王必须注意解决的五个问题：

一是山泽不注意防止火灾，草木长不好，国家就会贫穷；

二是沟渠没有全线畅通，堤坝中的水泛滥成灾，国家就会贫穷；

三是田野不发展桑麻，农作物安排没有因地制宜，国家就会贫穷；

四是农家不养六畜，蔬菜瓜果不齐备，国家就会贫穷；

五是工程不节俭，国家就会贫穷。

反之，山泽能注意防火，草木能长好，沟渠能全部畅通，堤坝中的水不泛滥，田野都种上了桑麻，而且因地制宜，家家养育六畜，种植瓜果蔬菜很

齐全，国家就会富足。

管子的这段话讲了发展农业、牧业和手工业生产，但更重要的或更主要的是，他还讲到了保护自然资源，兴修水利，防止水患，合理利用土地资源。这些都是当今国土整治的重要内容。

管仲在齐为相时，还提出过"正地"，即整顿土地的思想。这也是国土整治的重要内容。对各类土地，特别是耕地，进行普查、测量、丈量、区划、统计和登记造册，为历代王朝所重视。

管仲提出的正地思想，既有核实土地数字的意思，又有修整、划分的意思。比如管仲说，土地是政事的根本。天时是非人力所能损益的，可以用来整顿政事的只有土地，所以对土地不可不加整顿。整顿土地，是要对实际可耕地数字经常进行核实。长的要核正，短的也要核正，大的要核正，小的也要核正，长短大小都要核正。土地不核正，官府就无法治理；官府无法治理，农事就办不好。又说，三年修整一次田埂，五年修整一次田界，十年重新划分一次土地，这应经常进行整顿。管子正地的目的也许是为税收，但其国土整治的意义亦不容忽视。

总之，在一定意义上说来，管仲这些正确的论述，是古代国土整治思想的具体体现。尽管其中的许多内容并不全面，也没有明确提出国土整治的概念，但其关于保护资源、兴修水利、因地制宜、城乡比例、人口与耕地关系以及整顿土地的思想，却是相当有见地的。可以说，正地就是古代的国土整治。

在《管子》一书中，管仲还提出了一个有关国土开发的详细的调查研究提纲，其中有：调查一个国家尚未开发的资源，其中可以解决人们急需的有几处；要了解农村马牛的肥瘦，放牧在山林湖泽中健壮马牛的多少；城郭建筑的厚薄，护城河的深浅，门楼的高低，路障的设置与否，所开垦的荒地使人们受益的有多大面积，等等。

另外，管仲还提出了要从八个方面观察一个国家的富强程度，比如，观察一个国家的田野，看看它的耕耘状况。如果耕地不深，锄草不勤，宜种的土地没有种，未开的土地很荒乱，农田不肥，荒地反倒不一定贫瘠，按

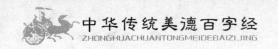
人口计算土地，荒地多而农田少，那么，即使没有水旱灾害，这个国家也一定很穷。

又如，视察一个国家的山林川泽，看它桑麻生长状况，计算它的六畜数量，就能知道该国的富强程度。如果山泽虽广，却没有保护草木生长的禁令；土地虽肥，桑麻种植却不甚得法，这个国家就不会富裕。

再比如在城乡比例方面，管仲提出，城市大而农田少，农田就养活不了这个国家的人；又如关于农村人口和土地之间的关系，管仲提出：凡是拥有万户人口的农村，有方圆五十里的土地就可以养活这些人口，不足万户的，方圆五十里土地中有些山地水面也可以养活。如果是万户以上，那方圆五十里土地就不能把山泽算在其内；那种土地均已开垦，而人民仍无积蓄的国家，证明是人口与国土、人口与耕地不相称了。

管仲还对土地可以负载人口的数量进行了具体的分析，指出：八十里见方的上等土地，可以负担一座上万户人口的城市和四座上千户人口的城镇；百里见方的中等土地和一百二十里见方的下等土地，所能负担的人口都和八十里见方一样多。因此，八十里见方的上等土地就相当于一百里见方的中等土地，相当于一百二十里见方的下等土地。

◎故事感悟

管子有关土地的论述在今天未必适用，在当时也只能算是半定量的。但是，他研究问题的方法值得称道，其顺应自然、整治国土的意义也相当明显。管子在几千年前能将城乡比例、人口与土地数量的关系提出来研究，真可谓具有真知灼见。

◎史海撷英

管仲的兵制改革

管仲任职期间，进行了一系列的兵制改革，其原则是"作内政而寄军令"，其措施是"参其国而伍其鄙"，其内容为：将全国分为21个乡，工商之乡6个，士乡15个。工商之乡不从事作战，实际从事作战的是士乡15个。5个乡为一帅，有1.1万人。由齐君率为中军，两个上卿各率五乡为左右军，是为三军，就是"参其国"。一乡有十连，一连有四里，一里有十轨，一轨有五家，五家为一轨，这就是"伍其鄙"。轨中的五家，因世代相居处在一起，因为利害祸福相同，所以，"守则同固，战则同强"。

管仲的兵制改革是一种社会与军事相结合的战斗体制，不仅在当时发挥了重要作用，而且还为后来大规模的战争做好了准备。

◎文苑拾萃

市舶提举管仲登饮于万贡堂有诗

（南宋）戴复古

七十老翁头雪白，落在江湖卖诗册。
平生知己管夷吾，得为万贡堂前客。
嘲吟有罪遭天厄，谋归未办资身策。
鸡林莫有买诗人，明日烦公问蕃舶。

孟子提出顺应自然

◎尊天重地，敬天爱人。——格言

孟子（公元前372—前289年），孟氏，名轲。战国时期鲁国人，鲁国庆父后裔。中国古代著名思想家、教育家，战国时期儒家代表人物。著有《孟子》一书。孟子继承并发扬了孔子的思想，成为仅次于孔子的一代儒家宗师，有"亚圣"之称，与孔子合称为"孔孟"。有作品《孟子》流传后世。

　　孟子一生都主张爱护生物，但认为对生物不必讲仁爱。如果讲仁爱，也是先百姓而后万物。宋朝大儒学家朱熹说，孟子的这种说法的意思是对生物资源要"取之有时，用之有节"，也许是对的，因为孟子确实论述过使粮食、鱼鳖、材木取之不尽、用之不竭的条件。他说：不耽误老百姓春耕、夏耘、秋收、冬藏的时节，五谷自然吃不完；细密的网不要放到深水塘内捕鱼，即不要捕小鱼，鱼鳖自然吃不完；斧斤按照规定的时间进山采伐山林，材木自然用不尽。

　　孟子认为，如果能认真地保护生物资源，生物资源就会丰富起来；反之，就会枯竭。他以齐国的牛山为例来说明这个道理。

　　孟子说：齐国牛山上的树木从前是长得很茂美的，只因为它在都城的郊区，人们都去山上砍伐，这怎么能保持山林的茂美呢？牛山上的树日夜都在生长，雨露在滋润，并不是没有新芽生长出来，可是牛羊随时去吃它，所以才像现在这样光秃秃的……所以，如果能认真保护，没有哪一种生物不能生长；如果缺乏保护，没有哪一种生物不会消亡。

　　显然，孟子关于生物资源"苟得其养，无物不长；苟失其养，无物不消"的观点是正确的。但是，孟子反对开荒，反对地尽其力，曾主张对善战者——孙膑、吴起，要处以极刑；对连纵诸侯者——苏秦、张仪，要服刑次之；开荒、用尽地力者——李悝、商鞅之类，服刑又次之。按照今天的观点，种植当然不应用尽地力，但孟子是反对李悝、商鞅开荒，并上纲说他们是用尽地力，那就有些过头了。从这里不难看出，孟子自己是反对开发自然，而是崇尚自然的。

　　孟子还有一段有名的话，大意是说，天下人要研究万物的本性，研究历史的原来面目就行了。既往的历史，就是以自然为本。令人讨厌的是，有些自作聪明的人，专好按照他们的私愿来改变自然的本来面目。如果聪明人能像大禹引水流行那样，我就不会讨厌他们了。大禹引水流行，就是行其所无事，使水流恢复到原先的自然状态。如果聪明人做事情也能不改变自然界原来的面目，那他的聪明才智就大了。

　　过去注家对"行其所无事"有种种解释，多不通。朱熹说是"禹之行水，因其自然之势而导之"，虽说明了大禹治水成功的原因，但并未说明"无事"二字的含义。实际上，"无事"是"无所事事"或"无所作为"之意，意思是在大自然面前不必做什么，不要扰动大自然。"行其所无事"，即指设法恢复到自然原先未受扰动的状态。这正体现出孟子崇尚自然的思想。

　　孟子非常强调环境对人的作用。他从齐国范城来到齐都，望见齐王之子，叹道："人所处的环境足以改变人的气质，人所得到的奉养足以改变人的体质，环境的作用真大呀！"

　　这本来是有一定道理的。但孟子又引申说，鲁君和宋君说话的声音相似，不是因为别的原因，是因为他们所处的环境和地位相似。这就过分夸大了环境的作用，陷入了环境决定论的泥坑。

◎故事感悟

　　孟子虽然主张对生物资源要取之有时，用之有节，主张保护，是对顺应自然

的一种肯定，但是他过分崇尚自然，过分强调维持自然的本来面目，过分强调环境的作用，其主流思想就略显保守了。对于自然我们当去其糟粕，取其精华，努力顺应自然、保护自然，同时也要开发自然，让自然为人类服务。

◎史海撷英

孟子提出道德理论

孟子认为，道德规范概括起来应该为四种，即仁、义、礼、智。同时，他还把人伦关系概括为五种，即"父子有亲，君臣有义，夫妇有别，长幼有序，朋友有信"。

孟子认为，仁、义、礼、智四者之中，仁、义最为重要。仁、义的基础是孝、悌，而孝、悌又是处理父子和兄弟血缘关系的基本道德规范。因此他认为，如果每个社会成员都用仁、义来处理各种人与人的关系，那么封建秩序的稳定和天下的统一就有了可靠的保证。

为了说明这些道德规范的起源，孟子还提出了"性善论"的思想。他认为，尽管各个社会成员之间有着分工的不同和阶级的差别，但他们的人性却都是同一的。他说："故凡同类者，举相似也，何独至于人而疑之？圣人与我同类者。"

在这里，孟子将统治者和被统治者摆在了平等的地位，来探讨他们所具有的普遍的人性。这种探讨既适应于当时奴隶解放和社会变革的历史潮流，标志着人类认识的深化，又对伦理思想的发展产生了巨大的推进。

◎文苑拾萃

孟子语录

（1）不以规矩，不成方圆。

（2）权，然后知轻重；度，然后知长短。

（3）人有不为也，而后可以有为。

（4）虽有天下易生之物，一日暴之，十日寒之，未有能生者也。

（5）其进锐者，其退速。

（6）心之官则思，思则得之，不思则不得也。

（7）生于忧患而死于安乐也。

（8）天子不仁，不保四海；诸侯不仁，不保社稷；卿大夫不仁，不保宗庙；士庶人不仁，不保四体。

（9）国君好仁，天下无敌焉。

（10）鱼，我所欲也，熊掌，亦我所欲也；二者不可得兼，舍鱼而取熊掌者也。生亦我所欲也，义亦我所欲也；二者不可得兼，舍生而取义者也。

荀子主张顺应与改造自然

◎良好的自然环境，是人类存在、延续的物质基础。——格言

> 荀子（约公元前313—前238年），名况，字卿，因避西汉宣帝刘询讳，因"荀"与"孙"二字古音相通，故又称孙卿。周朝战国末期赵国猗氏（今山西安泽）人。著名思想家、文学家、政治家，儒家代表人物之一，时人尊称"荀卿"。曾二次出齐国稷下学宫的祭酒，后为楚兰陵（今山东兰陵）令。荀子对儒家思想有所发展，提倡性恶论，常被与孟子的性善论作比较。对重整儒家典籍也有相当大的贡献。

荀子继承和发扬了管仲的保护自然的思想，使管仲的保护思想更加系统化和理论化。

荀子认为，大自然运动的规律是客观的，不以人们的意志为转移，这就是所谓"天行有常，不为尧存，不为桀亡"。他认为，人应当根据自然界的客观规律来主动地改造自然，利用自然资源。

荀子说，崇敬大自然而思慕大自然，哪里比得上把大自然当做物来养护它、控制它呢？听天由命而赞美大自然，哪里比得上掌握自然的变化规律而利用它呢？盼望天时而等待大自然的恩赐，哪里比得上顺应季节的变化而使天时为人们服务呢？听任万物自然增多，哪如施展人的才能而对万物加以变革使之朝有利于人的方向发展呢？想着万物为我所用，哪如调理万物而使万物得到充分合理的利用呢？整天去仰慕万物怎样产生，哪如去促进已经生成的万物更好地成长呢？所以放弃人为的努力而指望天的恩赐，那就脱离了万物消长的实际情况。自然界是没有意志的，它不会恩赐给人以什么东西。

在利用自然、改造自然的问题上，孟子曾主张要尽量保持自然的本来面貌，实际上是一种消极保护的观点。战国时期，另一位大思想家墨翟则担心自然资源枯竭，因而对未来忧心忡忡，这实际上也是一种悲观论。荀子反对这两种极端的观点。他认为，如能顺应自然资源特别是生物资源的消长规律去开发它、利用它，资源就不会枯竭，而且不仅不会，资源还会丰富起来。

荀子曾特别批评了墨翟的悲观论，他说，墨翟的话显然是担心天下的生活资料不足。这种认为资源不足的观点，并非天下人人都有这种担心，而只是墨翟他自己多余的担心。现在是土地就能长五谷，如果人能妥善经营，一亩可以收获数盆，一年可以收获两次；同样，每一株瓜果结的果实就可以数以盆计；同样，葱蒜及各种蔬菜可以堆积如山；同样，家畜、家禽和猎物每一样都可以装满一车；各种鱼类按时生育，每一种都可以繁殖成群；同样，各种飞禽可以多得浩如烟海；同样，昆虫及各种生物都会在其间繁衍，可以互食互养的生物是不可胜数的。

荀子在这里提出的生物之间互养互食的问题，当然不能理解为仅指人吃的东西，应该说还包含着各种生物之间的养食或依赖关系，比如，六畜吃五谷、蔬菜，昆虫吃瓜菜桃李，飞鸟、落雁吃昆虫或五谷，等等。同样，这种观点还具有模糊的食物链观念。

荀子的"万物各得其和以生，各得其养以成"的论断，也反映了他对生物之间互相协调、互相依赖关系的认识。这里的"和"就是相互协调，"养"就是前面所说的"食养"，这当然是一种互相依赖的关系。

荀子认为，生物资源会不会枯竭，关键看能不能合理利用，能不能在利用的时候注意养护，在养护的同时充分利用。

荀子说："养长时，则六畜育，杀生时，则草木殖。"意思是说，养护和斩伐如能按规定的时节进行，六畜和草木都会繁荣茂盛。

荀子一再重申管仲的某些主张，如"山林泽梁，以时禁发而不税"等，还特别说明了"以时禁发"中的时间确定的原理：当草木正在开花结果的时候，不准带刀斧进山砍伐，不能使其夭亡，不能断绝其生长；当水中的鱼鳖正在产卵生育的季节，不准带网具和毒药下水捕捞，不能使其夭亡，不能断绝其生长。春耕、夏耘、秋收、冬藏，这四个环节不误农时，那么五谷就会多得源源不绝，老百姓吃也吃不完；池塘、湖沼、河川若严格遵守在一定时节内不得捕捞的禁令，那么鱼鳖会格外多，老百姓用也用不完；砍伐和养护在不违犯规定的时节进行，那么林木就会长起来，山岭不会是光秃秃的，老百姓就会有用不完的木材。

◎故事感悟

从荀子的理论中里可以看出，掌握禁发的时间原则，就是要顺应生物的生长繁育规律，"不夭其生，不绝其长"，可以说，这是根据当时的科学认识提出的。而保护的目的，仍在于发展生产，保障供给，因而是有积极意义的。

◎史海撷英

荀子的"性恶论"

在《荀子·性恶》中，荀子认为，人性可以分为两部分：性和伪。性是人先天的动物本能，是恶；而伪是人后天的礼乐教化，是善。性（动物本能）的实质是各种欲望，如果顺从性，人类就会为了满足自己的欲望而不择手段，从而导致道德沦丧，甚至天下大乱。圣人知道性是恶的，所以创制了礼义道德，"化性起伪"，用伪来取代性，从而使人变善。

达尔文的进化论也佐证了"性恶"的这一观点。因为在生物进化过程中，只有进化出生存欲、占有欲才能存活。为了自己的生存，就要牺牲他人，占有尽可能多的生存资源，消灭竞争者。这是性，是恶。

那么，为什么还要伪呢？善有什么用呢？《荀子·王制》中又说：论力气，人不如牛；论速度，人不如马。然而，人却驯化了牛马为己所用，这是为什么？

因为人能够组成社会，而牛马等兽类则不能。人为什么能组成社会？因为人有道德（义）。有了道德，就能组成牢固的社会，使自身的力量大增，使人类得以繁荣发展，幸福生活。道德的作用，就是维持社会的内部秩序，构建"和谐社会"。

◎文苑拾萃

荀子名言

（1）非我而当者，吾师也；是我而当者，吾友也；谄谀我者，吾贼也。（《荀子·修身》）

（2）天行有常，不为尧存，不为桀亡。（《荀子·天论》）

（3）目不能两视而明，耳不能两听而聪。（《荀子·劝学》）

（4）道虽迩，不行不至。事虽小，不为不成。（《荀子·修身》）

（5）锲而舍之，朽木不折；锲而不舍，金石可镂。（《荀子·劝学》）

（6）蓬生麻中，不扶而直；白沙在涅，与之俱黑。（《荀子·劝学》）

（7）故不积跬步，无以至千里；不积小流，无以成江海。（《荀子·劝学》）

（8）君子曰：学不可以已。（《荀子·劝学》）

（9）青，取之于蓝，而青于蓝。冰，水为之，而寒于水。（《荀子·劝学》）

（10）水能载舟，亦能覆舟。（《荀子·哀公篇》）

刘安与刘向的努力

◎水积鱼聚，木茂鸟集。——马总

刘安（公元前179—前122年），汉高祖刘邦之孙，淮南厉王刘长之子。文帝八年（公元前172年），刘长被废王位，在羁途中绝食而死。文帝十六年（公元前164年），文帝把原来的淮南国一分为三封给刘安兄弟第三人，刘安以长子身份袭封为淮南王，时年16岁。他才思敏捷，好读书，善文辞，乐于鼓琴。他是西汉知名的思想家、文学家，奉汉武帝之命所著《离骚体》是中国最早对屈原及其《离骚》作高度评价的著作。曾"招致宾客方术之士数千人"，集体编写了《鸿烈》（后称该书为《淮南鸿烈》或《淮南子》）一书。刘安是世界上最早尝试热气球升空的实践者，他将鸡蛋去汁，以艾燃烧取热气，使蛋壳浮升。刘安还是我国豆腐的创始人。

刘向（约公元前77—前6年），原名刘更生，字子政。沛县（今属江苏）人。西汉经学家、目录学家、文学家。楚元王刘交四世孙。宣帝时，为谏大夫。元帝时，任宗正。因反对宦官弘恭、石显下狱，旋得释。后又因反对恭、显下狱，免为庶人。成帝即位后，得进用，任光禄大夫，改名为"向"，官至中垒校尉。据《汉书·艺文志》载，刘向有辞赋33篇，今仅存《九叹》一篇。《楚辞》是刘向在前人基础上辑录的一部"楚辞"体的诗歌总集，收入战国楚人屈原、宋玉的作品以及汉代贾谊、淮南小山、庄忌、东方朔、王褒、刘向诸人的仿骚作品。

先秦时期所形成的环境保护思想，到了汉代时期并没有得到进一步的发展，环境的破坏日益严重。此时，只有少数人还念念不忘先王的保护之法，用心对先秦的诸子百家关于环境保护的论述加以归纳、整理和总结。其中最突出的，就是刘安和刘向。

刘安为人好读书鼓琴，不喜欢骑马打猎，也想给老百姓办点好事，以博取好名声。后造反不成，自杀。他曾邀集门人编撰的以道家为主的杂家著作《淮南子》21卷，有不少自然科学史材料。其中，第九卷《主术训》中专门总结了先秦关于生产与保护、开发和抚育的基本思想，并从反、正两方面进行了分析。

《淮南子·主术训》在讲到不注意保护生物资源的危害时说，国君如果喜欢凶鸟猛兽并用珍奇古怪的东西，凶暴急躁而不务农事，不爱惜民力，骑马打猎不按规定的时节进行，这样的话，百官就会跟着学坏，问题会接二连三地出现，而物质则越来越缺乏，老百姓会忧愁困苦，生产会遭到破坏。

这里所说的，是有关国计民生的大事，要国君不要骄奢淫逸，其中也包括要遵守按规定时节出猎的政令，可见对保护资源与环境的重视。

在《主术训》的另一段话里，又系统地论述了环保的重要性：粮食是老百姓的根本，老百姓是国家的根本，国家是国君的根本。所以，作国君的人应该上顺天时，下尽地里的物产，中用人力。这样，各种生物才能生长起来，庄稼才能长得好。要教育老百姓养畜马、牛、羊、犬、猪、鸡，按照节令种植庄稼，一定要修整好田地，栽植桑麻。土地的肥力有高有低，要因地制宜地栽种不同的作物。丘陵山地不适于种庄稼的，就种树栽竹，春天可采伐枯槁的枝干，夏天可采摘瓜果，秋天可收获粮食贮存蔬菜，冬天可砍伐薪柴，以满足老百姓生活之需。所以，先王的法令是：打猎时不能把野兽都打尽，不能猎取幼兽，不要用排干水的办法把鱼一打而尽，不能用放火烧林的办法捕猎禽兽。未到豺祭兽的时候（指每年十月），不得在野外用鸟网兽网打猎。未到獭祭鱼的时候（指开春以前），不能使网下水捕鱼。立秋以前，不能进山捕鸟。不到冬天草木零落的时候，不能进山砍伐树木。昆虫未藏伏起来的时候（指上冻），不能用火烧田。正在怀胎的兽类不得捕杀。不得到鸟巢里探取鸟卵。鱼未长到一尺长以前不要捕。猪未满一年不得宰。这样的话，草木长起来如同蒸气冉冉向上，禽兽归来像流泉一样源源不断，飞鸟归来像烟云一样遮天蔽日。

之所以这样，是因为实行了先王的这些法令。所以先王的政策是：立春之后要修整田亩，三月以后要整修道路，十月要修桥梁，三月种谷子，四月种黍豆，八月种冬麦，九月开始收藏、砍薪柴。要把这些政令上告于天、下告于民，先王之所以按照时节做好这一切工作，富国利民，实在是看得很宽、想得很远，其政策是十分完善的。

《淮南子》中的这段话，就是对先秦环境保护政策的系统总结。其中关于保护生物资源的一系列具体规定，体现了合理利用和与农业生产密切结合的特点，可以说是古代生物资源保护政策的最完善的论述。

刘向名更生，字子政，西汉经济学家、目录学家、文学家。

刘向在《说苑》中重申和强调环境保护的要求，主要是打猎、采集和捕捞等方面的。

在打猎方面，刘向强调四季打猎的不同要求，其中强调了春夏秋冬四个季节。但不论哪个季节打猎，都要考虑在农闲的时候进行。同时，四季又要有所不同。春天打猎叫"春搜"，意思是对打猎对象要有所选择，即择取那些不孕的鸟兽来作为猎取的对象；夏天打猎叫"夏苗"，夏猎的主要对象是那些对禾苗有危害的鸟兽；秋天打猎叫"秋狝"，意思是可以杀掉要猎取的鸟兽；冬天打猎叫"冬狩"，意思是到了冬季，鸟兽已经长成，可以获取它们了，不必选择哪些可猎，哪些不可猎，可以采用合围的方法进行猎取。

"春搜、夏苗、秋狝、冬狩"的主张，显然包含着使鸟兽正常繁衍的积极意义。只是这里说冬天打猎可以采用合围的办法，这是不对的。

刘向同样强调，在打猎的时候，天子不能用合围的办法将猎物斩尽杀绝，大夫不能成群成群地捕杀野兽，士不能捕杀小鹿小鸟，不能覆巢探卵。强调在开春以前，不能撒网捕鱼；在立秋以前，不能张网捕鸟；在立冬以前，不能进山采伐草木；在上冻以前，不能放火烧田。

此外，刘向还以伯益为例，说明伯益主持虞部，川泽管理得很好，这就是最大的德，等等。

但是，从汉代时期开始，关于山林川泽要不要管制的问题便就已有了争论。加上当时人口开始增加，对粮食的需求也日益加大，以及灾荒饥馑的屡次发生，这些保护政策并没有得到严格的执行，所以生物资源的破坏也逐渐多了起来。

◎故事感悟

　　刘安与刘向都提倡在顺应自然的同时，还应保护自然资源和环境，这对大自然的制约与平衡起到了积极作用。只有在结构和功能相对协调时，生态系统才是稳定的。为了使生态系统的结构和功能保持协调状态，就必须千方百计地保持生物物种的多样化，尽量减少外来干扰，同时鼓励人们去创造结构和功能相对协调、生物生产能力高的人工生态系统，尽量做到自然资源的可持续发展。

◎史海撷英

刘向撰书

　　西汉时期的刘向，历经了宣帝、元帝、成帝三朝，并历任散骑谏大夫、散骑宗正、光禄大夫等职。

　　刘向曾屡次上书称引灾异，弹劾宦官外戚专权。成帝时期，他曾受诏命校书近20年，后来未完成的工作由其子刘歆续成。由于官终中垒校尉，故而又世称刘中垒。

　　刘向典校的古籍主要包括经传、诸子和诗赋等。在典校时，他又撰有《别录》。其后，其子刘歆以《别录》为基础，撰成了《七略》，成为我国最早的目录学著作。可惜原书已佚。东汉的班固因《七略》而成《汉书·艺文志》，从中可以见到《七略》的梗概。

　　据《汉书·艺文志》中记载，刘向共有辞赋33篇，今仅存《九叹》一篇，见于《楚辞》。

　　刘向的散文主要是奏疏和校雠古书的"叙录"，比较著名的有《谏营昌陵疏》、《战国策叙录》等。而且，刘向的散文叙事简约，论理畅达、舒缓平易是其主要特色。

　　此外，刘向还著有《新序》、《说苑》、《古列女传》三部历史故事集，是魏晋小说的先导。明代时期的张溥辑有《刘中垒集》，收入在《汉魏六朝百三家集》中。

◎文苑拾萃

《说苑》

《说苑》是由西汉时期的刘向所撰。

在西汉时期，刘向曾领校秘书，《说苑》就是他在校书时根据皇家藏书和民间图籍，按类所编辑的先秦至西汉时期的一些历史故事和传说，并夹有自己的议论、评价等，借题发挥儒家的政治思想和道德观念，带有一定的哲理性。

原书共20卷，后仅存5卷，可惜大部分已经散佚，后经宋代的曾巩搜辑，复为20卷，每卷各有标目。这20卷的标目依次为：君道、臣术、建本、立节、贵德、复恩、政理、尊贤、正谏、敬慎、善说、奉使、权谋、至公、指武、谈丛、杂言、辨物、修文、反质。

由于该书取材广泛，采获了大量的历史资料，因此给后人探讨历史提供了许多便利。书中记载的史事，有的可以与现存典籍互相印证；有的记事可与《史记》、《左传》、《国语》、《战国策》、《荀子》、《韩非子》、《管子》、《晏子春秋》、《吕氏春秋》、《淮南子》等书相出入，对考寻历史者足资参考。有些古籍已经散佚，但《说苑》中却保存一二，吉光片羽，显得尤为可贵。

为保护自然资源的"论战"

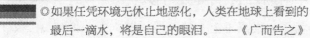

◎如果任凭环境无休止地恶化，人类在地球上看到的
最后一滴水，将是自己的眼泪。——《广而告之》

> 桑弘羊（公元前152—前80年），汉武帝时大臣，洛阳人。出身商人家庭，自幼有心算才能，以此13岁入侍宫中。自元狩三年（公元前120年）起，终武帝之世，历任大司农中丞、大司农、御史大夫等重要职务，与担任大农丞的大盐铁商东郭咸阳、孔仅二人深得武帝宠信。

西汉在汉武帝刘彻当政期间（公元前140—前88年），在经济上实行统一铸钱、盐铁官营、均输平准和酒类专卖等政策，其中包括对山林川泽的严格管制。这些措施大大抑制了大地主大商人的势力。

汉武帝死后，汉昭帝即位，大司马大将军霍光掌权。他代表大地主大商人的利益，想改变汉武帝时的经济政策，于是在昭帝始元六年（公元前81年）二月，召开了一次专门讨论经济政策的所谓"盐铁会议"。

在这次会议上，以各地选拔的一批叫做文学、贤良方正的儒生为一方，以帮助武帝制定经济政策的主要人物、相当于副丞相的御史大夫桑弘羊为另一方，展开了激烈的论战。论战的中心议题就是盐铁官营、均输和酒榷等问题，特别是在盐铁官营问题上，盐铁出自海中或山中，故也涉及山林川泽的管制问题。

文学认为，盐铁官营阻碍了农业的发展，应该开放。他们打着"泽梁以时入而无禁"的旗号，实际上是反对对山林川泽"以时禁发"。

　　桑弘羊认为，盐铁官营正是为了保障农业发展，增加国家的财政收入。国君应该控制自然资源，不能没有管理。

　　文学认为，自然资源本来是很丰富的，有许多地方砍倒树木就能种田，烧掉野草就能播种，简单的火耕水耨就可以长庄稼。那些地方之所以穷，是因为那里的人懒惰，不像古时候那么俭朴，过于奢侈。

　　此外，他们还引用《孟子·梁惠王上》的一段话的大意，说："孟子云：不违农时，谷不可胜食。蚕麻以时，布帛不可胜衣也。斧斤以时入，材木不可胜用。田渔以时，鱼肉不可胜食。"又说，如果一味装饰宫室，增建亭台房舍，木工把大木料砍小，将圆的变成方的，建筑物搞得高如云彩，大如山林，那么木材一定不够用。男人放弃农业生产，去从事工商业，雕镂刻画各种飞禽走兽，并且力求和真的一样，变化万状，那么粮食就会不够吃。妇女刺绣精心细致，做成各种各样的花纹图案，用尽技巧，那么丝绸布匹就不能满足穿衣的需要。厨师煮杀兽胎、蛋卵，油煎火烤，精心烹调，力求五味齐全，这样鱼肉就不够吃了。

　　贤良方正在谈到奢侈造成的物资匮乏的情况时，再次陈述了古代礼仪，并作了古今对比：古时候，粮食蔬菜水果，不到成熟时不吃；鸟兽、鱼、鳖，不到该杀时不杀。因此，不在池塘里撒网捕小鱼，不到田野上猎取小鸟、小兽。现在则不同，有钱的人张网猎取，捕捉幼鹿、小鸟，为了酗酒作乐，他们网撒百里山川，宰羊羔，杀小猪，剥小鸟。春季的小鹅，秋天的小鸡，冬天的葵菜和韭黄、香菜、嫩姜、辛菜、紫苏、木耳、虫类、兽类等等，就没有不吃的东西。

　　对于贤良文学们所抨击的不爱惜生物资源的时弊，以及重申古代保护生物资源的措施，这本来是合理的；但是，他们提出的纠正的办法是：老百姓奢侈，就要诱导他们节俭；老百姓节俭，就引导他们懂得礼仪。现在，公卿大夫和他们的子孙如果真正节减车辆，穿规定的衣服，亲自厉行节俭，做厚道朴实的表率，罢掉园地，减少土地、住宅，官府既不限制市场经商，也不要管理山林川泽的资源，提出所谓"内不要管市，外不要管山泽"的主张。这样的主张即或可以改变奢靡之风，开节俭之道，但它反对的仍是盐铁官营、酒类专卖政策，并不能使山林川泽得到保护，反而会使草木鸟兽鱼鳖在毫无法制管理的情况下任人采集捕猎，这必然会对生物资源造成破坏。因此，从保护的观点来看，贤良文学们的政见是非常不可取的。

桑弘羊认为，自然资源没有不丰富的，山海的物产没有不饶足的。他举例说，吴、越一带的竹子，隋、唐地方的木材，多得用不完，但是曹、卫、梁、宋却缺少林木；江河湖泊的水产，莱地、黄县的鲐巴鱼，多得吃不完，但周、鲁、邹、韩这些地方的人只能吃些粗食野菜。所以有这种财物多少不等的差别，主要是物资流通得不好。他针对文学们引用孟子的话，专门引用了《管子》的话说，要是不过分装饰宫殿，材木就用不完；不充实厨房，禽兽就不会在没有长成时就被捕杀；没有工商业，农业就得不到发展；衣服不装饰花纹，那么女工就不能施展技巧了。

桑弘羊的观点，既认为自然资源丰富是事实，但各地出产多少不同；即使资源很丰富，也不应奢侈，即要合理利用生物资源。他也以古时为例，说古时候，名山大泽不分封给诸侯，那时所使资源属于天下人。现在，山海的资源，湖泽的产物，天下的财货，都应该归朝廷少府管理。但是皇上不把这些东西据为己有，让大司农去管理，这就把这些自然资源转为国家财产，以便辅助百姓。那些豪强大户，企图霸占山海资源，以便发财致富，甚至借据深山大泽，搞阴谋诡计，这是不能允许的。至于说百姓疾苦，桑弘羊认为只要选择有才能的地方官吏，即可安民，不须罢除盐铁官营的政策。

桑弘羊又以今古事例说明国家管理山林川泽的重要意义。他指出，现在浙江的具区湖、湖北的云梦泽、河南的巨野湖、山东的孟诸湖都是使国家富强而称霸的资源。君主统一管理这些资源，国家就会强盛，不然国家就会灭亡。过去齐国就像一个人把自己的肠胃给人那样，随便让人们开发自然资源，结果使齐国分崩离析。现在山林川泽资源很多，不单是云梦泽、孟诸湖这些

地方，关键是要堵塞豪强奸商谋利的道路。

桑弘羊又说，官府开辟园地，统一管理山海，把所得到的财物利用来补助征税的不足，并兴修水利，广泛发展农、林、牧业。太仆、水衡、少府、大司农等官吏，每年把各项赋税征收上来，包括农业畜牧业的赋税，园地的赋税，加上北部边疆屯田收入的赋税，这些都是财政来源。若要废除了统一管理制度，这就断绝了财源，杜绝了税收的渠道，使朝廷和百姓的费用全部枯竭，贫困随之而来。即使按贤良文学们说的，放弃山泽管理，节约费用，又有什么用呢？

桑弘羊主张"县官开园池，总山海"，这固然是出于财政上的考虑和经济发展方面的需要，但同时也是为了抑制豪强大贾和藩镇诸侯势力。西汉时期的园池，是由朝廷直接管理的园林、池泽、苑囿公田的统称。最初园池规模较小，主要供皇帝渔猎游玩。后来从豪强地主和大商贾手中没收了大量奴婢、土地和财物，使大量土地变成公田。山海是指山林川泽及海洋的统称。

桑弘羊把园池扩大，山海统管，虽然在一定程度上也不利于普通的农民，如盐价偏高，官制铁器、农具有的质量不高，但物价也不至于暴涨，也使一些资源较少的地区得以补给，因而它是有一定进步意义的。这种国家统一管理山林川泽和园池的政策，在很大程度上防止了生物资源的破坏，堵塞了乱砍滥伐、乱捕滥猎的漏洞，因此，它是一种很有保护作用的政策。

盐铁会议有着深刻的政治背景，所讨论的问题也很多，会议开了多次。最后，反对盐铁官营的贤良文学们只取得了废除酒类专卖和取消长安附近铁官的胜利，汉武帝时推行的基本经济政策仍继续实行。

◎故事感悟

山林川泽一直置于国家统一的管理之下，只有在遇到灾荒时才特下诏令弛禁。当然，桑弘羊主张的屯田政策也曾使某些地方的环境恶化，但这在当时是人们难以认识到的。而当今的我们通过这个故事，认识到了保护自然资源的重要意义，就要令行禁止地去遵守，使大自然能够协调稳定地发展下去！

◎史海撷英

汉武帝实施的移民屯边政策

汉武帝在位期间，在对匈奴的战争中取得了相当的胜利后，为了巩固边防，从根本上解决边防军的粮食供应问题，在桑弘羊的大力支持下，继续大规模地执行汉文帝时期晁错所提出的募民实边的措施。

汉武帝初年，已在元朔二年（公元前127年）募民10万屯卫朔方（今内蒙杭锦旗西北），元狩四年（公元前119年）又迁徙关东贫民70多万到达今甘肃一带。桑弘羊在任大农丞后，又在元鼎六年（公元前111年）先派吏卒五六万人到达今甘肃永登一带屯戍，随后又不断扩展到上郡（今陕西绥德东南）、西河（今内蒙东胜县）及新建的武威、张掖、敦煌、酒泉（均在今甘肃境内）四郡，屯边人数增加到了60多万。

这种大规模的移民实边，不仅有力地开发了西北边疆的农业生产，而且还就地解决了边防军的粮食供应问题，并加强了西北的边防，巩固了对匈奴战争取得的战果。因此，这一政策在当时的边防建设上是具有深远意义的。

◎文苑拾萃

盐商妇

（唐）白居易

盐商妇，多金帛，不事田农与蚕绩。

南北东西不失家，风水为乡船作宅。

本是扬州小家女，嫁得西江大商客。

绿鬟富去金钗多，皓腕肥来银钏窄。

前呼苍头后叱婢，问尔因何得如此？

婿作盐商十五年，不属州县属天子。

每年盐利入官时，少入官家多入私。

官家利薄私家厚，盐铁尚书远不知。

何况江头鱼米贱，红脍黄橙香稻饭。

饱食浓妆倚舵楼，两朵红腮花欲绽。

盐商妇，有幸嫁盐商。

终朝美饭食，终岁好衣裳。

好衣美食有来处，亦须惭愧桑弘羊。

桑弘羊，死已久，不独汉时今亦有。

皇帝支持保护资源

◎数罟不入垮池，鱼鳖不可胜食也。斧斤以时入山林，林木不可胜用也。——《孟子·梁惠王上》

> 　　唐德宗李适（742—805年），生于长安大内宫中。他是唐肃宗的长孙、唐代宗的长子，母为睿真沈皇后。779年至805年在位。
>
> 　　张造（生卒年不详），唐德宗时期任渭南县尉。他为人处事正直敢言，理直气壮，不担心做事影响仕途，心中时刻装着百姓利益，无私自然。

　　唐朝贞元年间（785—805年），朝廷想制造一批官车，由朝廷机关事务管理局的长官度支使负责办这件事。度支使眉头一皱，计上心来：在长安城外的大道两旁，不是有很多大槐树吗？槐木打造车具，那可是太好了！

　　于是，度支使起草了一道公文给离京城不远的渭南县县尉张造，命令张造派人去砍伐京城官道古槐，而且必须限期完成。

　　张造接到这道公文后，颇感为难。如果照度支使的命令干，长安大道的百年古槐就要毁于一旦；如果不执行命令，不但会丢掉乌纱帽，能不能保得脑袋都成问题。因为度支使的公文和圣旨也差不了多少。他思来想去，咬了咬牙，拿起笔就在公文上奋笔疾书起来。

　　幕僚们当然知道这件事，都来看县尉在写些什么。一看，可不得了，县尉要抗命："近日我们收到了要我们砍伐官道古槐的命令。我们难以理解的是，既要打造官车，难道就找不到好木材，非要砍伐官道古槐吗？长安城外的古槐，已有百年内外的历史，历来供行人歇凉，学子遮阴，怎能就在我们这一代手上给毁了呢？再说，砍槐虽然满足了一时的需要，但破坏了百代以来的规矩，这总不大妥当吧？不管怎么说，您就是把斧子交到手里，我也不忍心下手砍树……"

幕僚忙说："大人，这可使不得，弄不好要杀头的。"

张造冷静地说："那就让他们先砍下我的头，再砍官道古槐吧！"

随后，张造便派人把自己提了意见的公文送回到度支使那里。度支使看了张造写的那些话，大为恼火："这简直是反了，竟敢抵制朝廷的指示。"可他又想，张造虽然敢于抗命，但我一个度支使又不能直接治他的罪，还是让皇上下旨收拾他吧。

于是，度支使把张造写了字的公文原件呈给德宗皇帝看。德宗在看那份公文，度支使却死盯着皇帝的脸色变化。根据他的供职经验，在皇帝没有明确态度前，千万不能多说一句话。当然，他也早已做好了准备，一旦皇帝下旨治张造的罪，他就马上把张造骂个狗血喷头，一钱不值，然后还要夸一番皇帝"英明天纵"之类的话。

然而唐德宗看完公文后，轻轻放在御案上，半天没说话。

度支使恭候在一旁，神经高度紧张，大气也不敢出。

"张造的话有道理，砍伐古槐的事就免了吧！"皇帝若有所思地说。

度支使接着话茬说："对对对，皇上真是英明天纵，英明天纵！"

任何时候都有人为了眼前的利益而牺牲环境，如果无人敢于反对，环境就会遭到破坏。发生在8世纪的张造抗命的故事充分说明了这一点。这里，不但张造应该受到赞扬，德宗也是很明智的，起码可以说，他懂得自古就有的虞衡之法，值得尊敬。

唐代的虞衡管理的范围又比先秦扩大。除管理山林川泽、苑囿、打猎外，还加上了城市绿化及郊祠神坛、五岳名山保护的任务，同时还把京兆、河南二都四郊300里划为禁伐区或禁猎区。这些规定，反映出当时已认识到采取这些保护措施的意义。

以城市绿化而言，唐代时期的长安城具有宽广笔直的林荫大道，大道两旁栽的都是槐树。王维《登楼歌》中即有"俯十二兮通衢，绿槐参差兮车马"

之说。长安的宫城、皇城栽植了梧桐、柳树等木。无疑，长安城的广泛绿化，对改善城市环境，使之更加优美、舒适方面起了很大作用。把城市绿化纳入虞部管理之下，更增加了绿化的环境意义，这种安排应该说是妥当的。

再以设置禁猎、禁伐区而言，这也是前所未有的。尤其以京兆、河南二府为中心设禁猎禁伐区，可能是因为这些地区人口众多，农业发达，如果不禁止打猎采捕，就会影响到京城与宫廷的物资供应。因此采取这种措施，不仅具有全面的保护意义，还可以为后人保护环境所借鉴。

唐代还注意保护道路，并责令地方官加以巡检、修茸。唐代宗广德元年（763年）八月和大历八年（774年）七月，唐朝廷曾下令"诸道官路，不得令有耕种及砍伐树木，其有官处，勾当填补"。

唐代还三令五申地方官吏军民不得占路种田，不得砍伐大道两边的行道树，并责成地方官吏对于自己辖境内的道路桥梁要派专人检查；有破坏者，要及时填补、修理。这些措施都是值得称道的。

唐代继承了历史上官营山泽之利的做法、加强对山林川泽的管制。玄宗开元元年（713年）十一月五日，左拾遗刘彤上表，以古今财用多少对比来说明当时财用困难的原因，说古时候是从山泽取得国家所用物资，现在是从贫民那里取得。依靠山林川泽，国家的财用充足，老百姓多回来种田，依靠向贫民征税来增加收入，国家财用不足，老百姓也不去种田了。所以先王的做法是，山海有官吏管理，虞衡有职权可使，权衡利弊有一定的方法，山林川泽封禁开发有规定的时间，这一方面是为了发展农业，另一方面是使国家富强。

刘彤接着说，煮海为盐的，冶铁铸钱的，伐木为室的都不是农民，而是非农民，穷苦的是农民。应该向那些非农民索取山林川泽的出产，免除农民的沉重徭役负担，这就是损有余而益不足。建议国家征收经营盐、铁、林木等资源的税利，然后进行贸易，这样，不出数年，国库就会满满的了。

唐玄宗让下面讨论刘彤的建议，大家都认为很好，于是玄宗下令摊收山海之税。这样一来，山林川泽就完全置于国家的管理之下了。

◎故事感悟

　　唐代山泽国营，首先是从经济上考虑的，其制度亦沿袭汉制，但能坚持对山泽的管理，这对保护自然资源是有重要意义的。对于豪强大贾，这种措施有抑制作用，这是应该肯定的，但为普通百姓带来好处的同时，也可能像汉代一样，带来一些害处。但无论怎么说，这种保护自然环境和资源的方法对于国家和人民的长远利益还是有利的。

◎史海撷英

唐德宗下罪己诏

　　唐德宗即位后，便试图削夺拥兵自重的地方藩镇节度使的权力。为此，他甚至不惜使用武力，利用藩镇打藩镇，结果导致了参与朝廷削藩战役的幽州节度使朱滔等人的不满，结果形势发生逆转。

　　建中三年（782年）底，卢龙节度使朱滔自称冀王，成德王武俊称赵王，淄青李纳称齐王，魏博田悦称魏王，"四镇"联合对抗朝廷。德宗无奈，仓皇出逃到奉天（今陕西乾县），成为继玄宗、代宗后又一位出京避乱的皇帝。

　　兴元元年（784年）正月，唐德宗痛下"罪己诏"，公开承担了导致天下大乱的责任，表示是自己"失其道"引起的。德宗在诏书中宣布，田悦、王武俊、李纳等人叛乱是由于自己的失误导致的，因此赦免了这些叛乱的藩镇，表示今后"一切待之如初"。从此，唐德宗开始调整了对藩镇用兵的政策。王武俊、李纳、田悦等人见到大赦令后，也取消了王号，上表谢罪。

◎文苑拾萃

唐德宗崇陵

　　唐德宗的崇陵位于陕西省泾阳县西北20公里嵯峨山上。

　　崇陵依山为陵，居高临下，山环水抱，墓冢高突，整座陵寝全部用方形和长方形的青石迭砌而成，石块凿出凹槽，卡有铁拴板，浇灌铁汁，因而极为坚固。

　　陵园共有四门，每门均有石狮一对，朱雀门外有石人十对、华表一对、翼马一对、鸵鸟一对和仗马五对；玄武门有仗马三对。在朱雀门外，还有立人石像八尊，均系王宾，可惜现只存下一人。而石刻虽然也遭到了破坏，但大部分仍然留存，十分雄伟壮观。

　　据历史记载，唐德宗的崇陵陪葬墓共有43座，今名位均无可考。近年，考古学家在其陵区边缘发现奉诏出使过黑衣大食的宦官杨良瑶墓神道碑。

唐宋时期保护生物资源的行动

◎别让可爱的生灵在我们这一代人手中消失。——格言

> 宋仁宗（1010—1063年），中国北宋第四代皇帝（1023—1063年在位）。初名受益，宋真宗的第六子，1018年立为皇太子，改名赵祯，1023年即帝位，时年13岁。1063年驾崩于汴梁皇宫，享年54岁。在位41年。在位时宋朝面临官僚膨胀的局面，冗官冗兵很多，而对外战争却又屡战屡败，虽然西夏已向宋称臣，但边患危机始终未除。后来虽一度推行"庆历新政"，但未克全功。其陵墓为永昭陵。谥号体天法道极功全德神文圣武睿哲明孝皇帝。

　　草木鸟兽鱼鳖之类生物资源的破坏，往往是由封建统治阶级的骄奢淫逸造成的，唐代发生的一场对生物资源的浩劫即是如此。

　　唐朝初期，韦后横行，朝政腐败。宫廷生活糜烂，侈靡成风。唐中宗的女儿安乐公主和韦后互比豪华，竞夸富贵。宫中的尚方官造了两条价值百万的毛裙，一条献给韦后，一条献给安乐公主。这两条毛裙，全都是用百鸟之毛织造，正看为一色，旁看为一色；在太阳底下看为一色，在遮阴处看又是一色；百鸟的形状，都可以从裙中看出。韦后还不满足，又以百兽之毛作鞯面，想高出一头。自从她们做了毛裙、鞯面之后，朝廷和地方上下百官之家争相效仿，一时间，将"江岭奇鸟异兽毛羽，几乎被搞光"。

　　唐玄宗李隆基登基以后，在一系列问题上整顿政治秩序，革除时弊。那时，姚崇、宋璟先后任宰相，两人一再劝唐玄宗要纠正奢靡之风。唐玄宗接受了他们的建议，命令宫中所有的奇装异服一律交出，当众在殿廷中付之一

炬。并且还下令，不论是官是民，都不许再穿锦绣珠翠的衣服。这样一来，才刹住了滥捕滥猎奇鸟异兽的歪风，风气也渐渐好起来。

登基不久的唐玄宗能果断地下令焚烧奇装异服，避免了生物资源的进一步破坏，这是值得称道的。唐玄宗之所以能这样做，一方面是为振兴国家的需要，为了制止奢靡习气，树立淳朴的风尚；另一方面，古代保护生物资源的思想和传统，唐玄宗及姚、宋等人不会一点儿也不知道，不管出于何种考虑，朝廷也需要制止捕猎之风，拯救珍贵鸟兽，使之免于减少甚至灭绝。从这个意义上讲，唐玄宗焚异服确实起到了保护生物资源的积极作用，在我国环境保护史上值得赞扬。

无独有偶。在宋朝，也发生过类似的事。

在中国历史上，有皮帽、棉帽、单帽、乌纱帽等各种各样的帽子，但很少听说有用鹿胎做的帽子。但在北宋的时候，就出现了鹿胎做的帽子，叫鹿胎冠。想必是那时人们也挺时尚的，好赶时髦，有人领头戴起了鹿胎冠，就有人仿效，而且从中央朝廷百官到地方小吏，都以戴鹿胎冠为体面，竞相攀比，蔚然成风。这样一来，鹿胎冠花样百出，制作日益精致。但不管做工多么巧妙，没有鹿胎是造不出这种奇怪的帽子的，因此，母鹿算是倒了霉，因为要取鹿胎，它们一只只被杀掉，滥捕乱猎之风盛行全国。后人称之为鹿胎冠风。

鹿胎冠风是在宋仁宗初年越刮越盛的。当时是11世纪30年代的中期，宋朝立国后连年征战刚结束才六十来年。处于相对和平安定时期，很多官僚士绅都染上了奢靡之风，所以鹿胎冠风一刮就晕，越刮越凶。

当然，朝廷里也有一些贤臣，如范仲淹、韩琦、富弼、欧阳修等。有一天，总算有人把鹿胎冠风报告了仁宗皇帝。

宋仁宗在景佑三年（1036年）下诏，严斥当时盛行的以鹿胎为冠的奢侈风气。诏书说，鹿胎冠风败坏民俗，残害生灵，今后全国各地，不管是臣是民，一律不准戴鹿胎冠，任何人不得采捕鹿胎，不得以鹿胎制造冠帽，如有违犯者，即处以罚款。凡揭发采捕鹿胎属实者，发给揭发者奖金20贯，钱由采捕者出；凡揭发戴鹿胎冠的或制造鹿胎冠的，发给奖金50贯，也由被揭发的戴冠人和制冠人出。

宋仁宗的禁鹿胎冠诏发布天下，那些戴鹿胎冠的、制鹿胎冠的和采捕鹿胎的，一个个藏藏掩掩，再也不敢以玩鹿胎冠为乐了。一场全国性的破坏生物资源的鹿胎冠风才被煞住。

唐玄宗焚异服和宋仁宗制止鹿胎冠风的事，并不是偶然发生的，它是中国古代社会保护生物资源的成功例子。而且保护主张的胜利，不是凭借什么宗教迷信，也不靠什么名胜古迹，而是封建王朝政府的最高层下令采取的行动，因而也更具典型意义。这种保护行动不是一时冲动，也不是自发而来，是由来已久的自觉有意识的行动。

再以保护青蛙为例。保护青蛙在中国已有上千年的历史。

唐宋之际，人们已认识到青蛙能捕捉农业害虫，所以青蛙和农业的关系极为密切，如唐朝章孝标《长安秋夜》中有"田家无五行，水旱听蛙声"的说法。宋朝大词人辛弃疾的《西江月·夜行黄沙道中》也说："稻花香里说丰年，听取蛙声一片"，都是说蛙声是农业丰收的先兆。宋朝人叶梦得写的《避暑录话》中说"蛙有跃而登木捕蝉者"，和唐朝陈藏器所说的"蛤蟆背有黑点，身小能跳，接百虫"的说法一脉相承，都是讲蛙能捕虫，有助于农作物的丰收。

宋代官府通过行政措施，禁民捕蛙，肯定是为了农业。据11世纪宋神宗年间人彭乘写的《墨客挥犀》记载："浙人喜食蛙，沈文通（1025—1067年）在钱唐（即今杭州）日切禁之"，这是很有见识的做法。又据南宋赵葵（1186—1266年）的《行营杂录》记载，宋代不但禁止捕蛙，对犯禁者还要抓起来。

◎故事感悟

唐宋之际这些保护生物资源的举措说明了生物资源的重要性，在利用生物资源的同时，还应该注意保护，使其能够增殖、繁衍，以满足人类对它继续利用的要求。自然界中各种事物之间都有着相互联系、相互制约、相互依存的关系，改变其中的一个事物必然会对其他事物产生直接或间接的影响。保护生物，就是保护自然、顺应自然，我们每个人都要明白这个道理。

◎史海撷英

宋仁宗忍饿

有一天早上，宋仁宗起床后便对身边的大臣说："昨天晚上我睡不着，觉得肚子很饿，特别想吃烧羊！"

大臣听到后，便问仁宗："那圣上为何不吩咐小的去取些来？"

仁宗听后回答说："你听说过在皇宫里只要什么事情都索要，臣民百姓也会效仿的吗？我是真的担心，如果这次我向你们索要了，你们以后就会连夜宰杀，以备我的急需！那么久而久之，就要浪费多少时间和精力去宰杀多少畜生呀？为什么不能忍下一时的饥饿，而结束无止境地杀羊呢？"

◎文苑拾萃

莲花经赞

（宋）宋仁宗

六万余言七轴装，无边妙义内含藏。

溢心甘露时时润，灌顶醍醐滴滴凉。

白玉齿边流舍利，红莲舌上放毫光。

假饶造罪如山岳，只消妙法两三行。

苏轼徐州战洪水

◎大自然只有一个。失去它，我们到哪里去寻找家
园？——格言

苏轼（1037—1101年），字子瞻，又字和仲，号"东坡居士"，世人称其为"苏东坡"。眉州（今四川眉山，北宋时为眉山城）人，祖籍栾城。北宋著名文学家、书画家、词人、诗人、美食家，唐宋八大家之一，豪放派词人代表。其诗、词、赋、散文均成就极高，且善书法和绘画，是中国文学艺术史上罕见的全才，也是中国数千年历史上被公认为文学艺术造诣最杰出的大家之一。其散文与欧阳修并称欧苏；诗与黄庭坚并称苏黄；词与辛弃疾并称苏辛；书法名列"苏、黄、米、蔡"北宋四大书法家之一；其画则开创了湖州画派。

江苏省徐州市市区的庆云桥东，黄河南岸大堤上，矗立着一座双层飞檐的黄色高楼，歇山抱厦，光彩熠熠，这便是新修复的黄楼。

历史上的黄楼，是九百年前徐州知州苏轼率领徐州军民战胜洪水之后，于宋神宗元丰元年（1078年）八月在徐州城东门之上建造的。熙宁十年（1077年）四月，苏轼由密州（山东诸城）调任徐州知州。苏轼在徐州的一年又十一月，为徐州人民做了不少好事，也写下了许多描绘徐州风土人情的名篇佳作。

徐州比密州的面积要大，战略地位也十分重要。七月中旬，黄河发大水，尽管朝廷在这之前已经花了五千缗来进行疏通黄河，然而却毫无效果。黄河终于在澶州曹村埽决口，猛兽般汹涌的洪水淹没了四十五个县，冲毁农田三百多万亩，人畜死伤无数。幸存下来的百姓，也都是饥寒交迫，号哭于野，其状惨不忍睹。

八月二十一日，洪水冲到了徐州城下。城内百姓人心大乱，有钱人家都

纷纷携带家眷财物，准备出城逃难；穷苦人家逃不了的，就只能在城内坐以待毙。

为了安定人心，苏轼亲自坐镇城门，下令不准任何人出城逃跑。他郑重地宣布："只要有我苏轼在，就绝不会让洪水进城。"

大家见太守都没有走，惊慌的情绪才逐渐平静下来。接着，苏轼将全城的百姓都组织起来，划分地段，分区防洪。他也和老百姓一起指挥加固外堤，还从家里搬来被褥，住在城墙顶上的小棚内，彻夜指挥抗洪救灾。

当时，徐州城内有一支禁军，直接归皇帝所调遣。苏轼脚蹬麻窝子草鞋，手拄木杖，赶到军营，找到卒长说："徐州城危在旦夕，抗洪抢险，迫在眉睫，虽是禁军，也当出力！"

卒长见苏太守临危不惧，身先士卒，十分感动，立即召集部队，高声宣布道："堂堂太守率先垂范，我等区区小民又何足惜！大家全力以赴，军民全作，共战洪魔。"

卒长亲自率领三千名士兵，肩扛木桩、竹兜，冲出城去，在徐州的城东南筑起了一座长堤。

为了解救城外被洪水围困的老百姓，苏轼还亲自挑选了一批精通水性的士兵，用木筏载着粮食，四处对老百姓进行抢救，许多百姓都因此而得以生还。

洪水围困徐州城五十多天，水越涨，堤越高。后来，苏轼接受了当地的一个和尚的建议，凿开清泠口，将洪水引入了黄河故道。

到十月十三日，洪水终于消退了。全城的老百姓欣喜若狂，苏轼坡也高兴地吟道："入城相对如梦寐，我亦仅免为鱼鼋。"

为了防止今后洪水的再次侵袭，苏轼向皇帝写了一份奏折，请求朝廷拨人拨款，增固徐州的防洪堤坝。

不久，皇帝便下了一道圣旨，表彰苏轼在徐州的抗洪保城功劳，赞扬他："亲率官史，驱督兵夫，救护城壁。一城生齿，并仓库庐舍，得免漂没之苦。"同时，又拨款三万贯，一千八百石粮米，七千二百个民工，在城南修筑加固了大堤。

为了纪念抗洪斗争的胜利，徐州百姓在东门上建了一座十丈高的楼台。根据金、木、水、火、土五行的相生相克，黄色代表土，黑色代表水，土能克水，因而这座楼用黄土涂饰。

苏轼还欣然为这座楼取名为"黄楼"，"黄楼"也成为徐州人民抗洪力量的象征。黄楼建成那天，举行了盛大的剪彩仪式。为此，苏轼还写了一首诗：

> 去年重阳不可说，南城夜半千沤发。
> 水穿城下作雷鸣，泥满城头飞雨滑。
> 黄花白酒无人问，日暮归来洗靴袜。
> 岂知还复有今年，把盏对花容一呷。

◎故事感悟

苏轼凭着热爱自然的热情与浑身是胆的魄力，战胜了咆哮的洪水，深得人们赞扬。同时这个故事也告诉我们：顺应自然，并不一定完全要顺天而行；治理自然资源，是对自然的另一种顺承和保护。当今社会的自然灾害也比比皆是，我们也当尽心治理，不让自然灾害威胁人类的生存和发展。

◎史海撷英

苏轼吟诗赴宴

苏轼在20岁的时候，到京师去科考。当时，有六个十分自负的举人都看不起他，准备备些酒菜请苏轼赴宴，在宴席上戏弄苏轼。苏轼在接到请柬后，欣然前往。

入席尚未动筷子，一个举人便提议行酒令，而酒令内容必须要引用历史人物和事件，这样就能独吃一盘菜。其余的五个人都连声叫好。

"我先来。"年纪较长的说："姜子牙渭水钓鱼！"说完，他捧走了一盘鱼。

"秦叔宝长安卖马！"第二位也神气地端走了马肉。

"苏子卿北海牧羊！"第三位见状，也毫不示弱地拿走了羊肉。

"张翼德涿县卖肉！"第四个吟完诗，也急吼吼地伸手把肉扒了过来。

"关云长荆州刮骨！"第五个迫不及待地抢走了骨头。

"诸葛亮隆中种菜！"第六个人傲慢地端起了最后的一样青菜。

菜已经全部分完了，六个举人兴高采烈地正准备边吃边嘲笑苏轼时，苏轼却不慌不忙地吟道："秦始皇并吞六国！"

说完，苏轼将六盘菜全部端到自己面前，微笑道："诸位兄台请啊！"六个举人见状，呆若木鸡。

◎文苑拾萃

念奴娇·中秋

（北宋）苏轼

凭高眺远，见长空万里，云无留迹。

桂魄飞来光射处，冷浸一天秋碧。

玉宇琼楼，乘鸾来去，人在清凉国。

江山如画，望中烟树历历。

我醉拍手狂歌，举杯邀月，对影成三客。

起舞徘徊风露下，今夕不知何夕。

便欲乘风翻然归去，何用骑鹏翼。

水晶宫里，一声吹断横笛。

保护苑囿的故事

◎生物圈是遵循平衡法则的循环系统，有天然自净作用。如果天然自净遭受人为破坏，环境就会受到污染，人类自己就会受到惩罚，甚至威胁人类的生存。——格言

古时候，苑囿是奴隶主和封建统治者游乐享受的场所。古代的帝王将相们为了满足自己声色犬马、吃喝玩乐的需要，不惜残酷压榨劳动人民的血汗，无限制地挥霍国家的资财，在他们看中的地方加以封禁，或垒石成山，或引水成池，广畜珍禽异兽，大栽奇花异木，更加大兴土木，营造亭台殿阁、楼堂馆所，供他们寻欢作乐。因此，古代的苑囿园池等禁地虽然形形色色、规模各异，但它们的性质都是一样的。

从另一方面来看，这些苑囿又是一种综合性的造型艺术作品。它代表了古代劳动人民、工匠艺人高超精湛的艺术造诣，是这些劳动人民和工匠艺人们辛勤劳动和高度智慧的结晶。

苑囿还是古代自然保护的一种形式。有的苑囿系在原有自然山水的基础上改造而成，有的仅是把某一区域封禁起来，不准人们垦殖、放牧、采集和狩猎。后一类苑囿，其实就是一种自然保护区。还有的广植全国南北奇异花草树木，实际上相当于一个植物园。有的广畜各种鸟兽鱼虫，又像是现在的动物园。事实上，有的苑囿起到了保护自然景观、森林植被及其他植物、动物的作用，有的还使某些物种得到保护而免于灭绝。这些保护作用，值得今天的自然保护工作者研究、借鉴。

我国古代的畜牧业大约出现在母系氏族公社时期，而畜牧业的发展也导致了苑囿的产生。在甲骨文中便已经有了"囿"字，说明苑囿的出现不会晚于商代。

在公元前12世纪，商纣王加重赋税，聚敛钱财，以扩修沙丘苑，"多取野兽蜚鸟置其中"，以供其戏乐。沙丘苑台比那些自然的古代苑囿来说，更多了一些动物园的色彩，因为它增加了许多野兽飞鸟，而且是人为收集而置于其中的。当然，纣王在经营沙丘时是花了很大本钱的。

最早见诸文学作品记载的苑囿，是《诗经》中描绘的周文王（生活于公元前12世纪）的"灵囿"。

《诗经·灵台》写道："经始灵台，经之营之，庶民攻之，不日成之。经始勿亟，庶民子来。王在灵囿，麀鹿攸伏，麀鹿濯濯。王在灵沼，于牣鱼跃。"

这首诗是说，周文王在开始建造灵台的时候，是经过精心设计的，考虑了又考虑，安排了又安排。受过文王恩泽的老百姓在得知文王要造灵台后，都纷纷跑来帮他干活，因此没用多少天，灵台就造好了。

原来文王在开始造台的时候，还恐怕劳动了百姓，叫百姓不要着急，不妨慢慢来。哪知那么多百姓一齐动手，像儿子给父亲干活一样，很快就造好了。

灵台建好后，文王来到灵台下面的灵囿里，母鹿公鹿安然地伏在那里，见人不惊。母鹿公鹿都很肥壮，皮毛十分光溜，白鸟的羽毛十分洁净无污。文王来到灵台下面的灵池，池水满满的，鱼儿在水上跳跃。

从诗中看出，灵囿有山有水，有母鹿、公鹿，有白鸟、有池鱼，是很有特色的。据传说灵囿方圆七十里，规模也很大。

过了几百年，到了春秋战国时期，有一次，齐宣公问孟子："文王之囿，方七十里，有没有这回事呀？"

孟子回答说："根据古籍记载，是有这回事。……如果真是这样，那不是太大了吗？"

齐宣公又问："庶民还认为小呢！我搞了个囿，方圆才四十里，庶民却认为太大了，这是为什么？"

孟子说："文王之囿，方圆七十里，但老百姓可以进去割草砍柴，可以进去打雉打兔，等于是大家的囿。这样，老百姓认为文王的囿小，不是很自然的事吗？我这次刚到齐国边境，首先打听齐国有什么大的禁忌，然后才敢入境。我听说齐都近郊有个方圆四十里的囿，谁杀了囿中的麋鹿，罪同杀人。这样的话，方圆四十里成了禁区，老百姓以为这囿太大，不是很自然的吗？"

从以上的记事可以清楚地看出，苑囿是古代奴隶主和封建统治者畜养鸟兽鱼鳖草木以供游猎嬉戏的地方，但确实也保护了一些鸟兽，尤其是一些珍禽异兽。

至于孟子所说的，周文王的灵囿可以让老百姓任意进去砍柴打猎，应该是不可信的。因为灵囿是有墙的，并且有专门的人看管，老百姓怎么可能随便进去采猎呢？即便真有这种事，也只能是偶然的，或在特定的时限内。否则，囿将不囿。孟子的话，不过是美化圣贤，为文王歌功颂德的夸张而已。

封建统治者为了满足他们享乐的欲望，往往不断扩大苑囿，而扩大苑囿的经费又必须由老百姓负担。

有一次，秦始皇想扩大苑囿，扩大到东至函谷关，西至宝鸡，几乎包括了整个关中。这个计划很大，秦始皇也有点心虚，就召开了一个会议，让大家讨论一下。

只听优旃不快不慢地说："这个计划很好。在这个大苑里，再多放一些飞禽走兽。敌人从东方进攻我们的时候，我们让麋鹿拿角去顶他们就可以把他们打败。"

秦始皇一听这话，赶忙停止这个扩苑的计划。

虽然如此，秦朝的上林苑等苑囿还是搞得规模很大，气魄不凡。据说，秦朝的上林苑周围三百里，其中有离宫七十所，谓之"离宫别馆，弥山跨谷"，"醴泉涌于清室，通川过于中庭"，水景"沸乎瀑怒，汹涌澎湃"。当时没有抽水机之类的提水工具，肯定要动大工程搞自流式引水。动物有鱼、鸟、驯兽、野兽，植物有橘、柑、橙、榛、枇杷、柿子、李、厚朴、枣、杨梅、樱桃、葡萄、棠梨、栎、楮、枫、黄栌、木兰、女贞等多种。

秦代的苑囿园也占掉了大量的土地，因此刘邦在打进关中后，便开放了苑囿，让老百姓再次耕种，很受人民欢迎。

汉朝取代了秦朝后，只用了不久，到汉武帝刘彻即位后，就又将上林苑"增而广大"，动物分区放养，取名叫"观"，如走马观、鱼鸟观、白鹿观、观象观等。苑内部的植物更多，还专门建立了葡萄宫、扶荔宫等。扶荔宫内移植菖蒲、山姜、桂花、龙眼、荔枝、槟榔、橄榄、柑橘等。此外，还有外邦进献的奇异果木三千余种，有梨、枣、栗、桃、核桃、樱桃、李、梅、林檎、枇杷、橙、安石榴等果树，椅、桐、荆、梧桐等材木。园艺技巧之高超，可见一斑。其中有些植物很可能是张骞通西域时引进来的。

汉代苑囿甚至记不胜记，这时还出现了许多私园。当时，茂陵富商袁广汉在洛阳北邙山下建设了一座规模庞大的私园，"构石为山，高达十余丈"，上有喷泉瀑布，"激流水注"，十分可观。园内养殖珍禽异兽，名花奇树，胜景称绝。

到了隋朝，隋炀帝杨广在洛阳南的宜阳建造了一个显仁宫，实际就是一座规模巨大的宫苑。不久后，隋炀帝又在洛阳西建起了西苑，周围二百里。苑内还挖了一个人工海，周十余里。海中筑起了三座神山，高十余丈，山上又修了很多殿堂楼观。故而有"杨柳修竹四面郁茂，名花美草隐映轩陛"，"桃蹊李径翠荫交合，金猿青鹿动辄成群"的记载，可谓极其侈奢豪华。

唐代时期，长安的宫苑最有名的有三处：太极宫、大明宫和兴庆宫，面积一般不大。城东南曲江池旁建芙蓉苑，每年向市民开放三天。此外，唐代还有许多私园也很出名。

到了宋朝时期，宋徽宗赵佶在首都汴梁（今开封）城东北建了寿山艮狱，也是个大苑，周十余里，引景龙江水，掘成大方沼、凤池、雁池三大水面，苑内动植物种类极为丰富。松林、竹林、梅林面积都很大，被称为"药寮"的专门种植园栽植有参、术、杞、菊等药用植物；西庄则种了庄稼，好像是示范田，有禾、麻、菽、麦；方沼、凤池、雁池中为蒲、菰、荇、藁、芡、菱等水生植物；果园中还引种了橙、柑、柚、桧、荔枝、槟榔等亚热带或暖温带植物，足见当时植物引种和移植技术相当高明。

在寿山艮狱中，所养的鸟兽也很多。在金兵第二次围攻汴京时，围了很长时间。宋钦宗下令把10万只山禽水鸟尽扔到汴河中去，它们爱上哪儿就上哪儿去。又把狱中的房子拆了当薪柴，把山上的石头凿下来作炮弹，砍掉竹子作筢篱。另外，还抓了大鹿数千头，全部杀掉，以犒劳保卫汴京的士兵们。

这样一来，这座巨大的动植物园，终于在金人的铁蹄面前毁灭了。

宋代时期的私园也很多，以西京洛阳为最盛。李格非的《洛阳名园记》记述了洛阳的十九个名园，属于私人花园的有天王院花园、归仁园、李氏仁丰园，多栽牡丹、芍药等名贵花木。归仁园占地三十多亩，植牡丹数十万株，不少私园也植有李、桃、杏、竹、菊、莲等。属于别墅式的名园有董氏西苑、丛春园、东园等。

明代时期，在元代的基础上增建了西苑，形成北京今日的北、中、南三个海子。北京郊区还有南苍、北苍。明代京郊苑地，东至白河，西至西山，南至武清，北至居庸关，西南至浑河，四署都有提督、内臣守护等。这些人为非作歹，扰民害民，民怨极大。

明代时期的私园仅北京就有二十余处，比如现在清华大学所在的清华园、北京大学所在的勺园等等。江南有名的私园则有无锡寄畅园，苏州留园、拙政园，上海的豫园，南京的瞻园等。

清代苑囿园池数量之多、规模之大，为历史上任何朝代所不及。京郊三山五园（万寿山颐和园，玉泉山静明园，香山静宜园、圆明园、畅春园）驰名中外。可惜的是，圆明园、静宜园及颐和园的一部分后来遭到了帝国主义的破坏，只存遗迹。

康熙帝于1703年开始兴建热河行宫，即今天所谓的"承德避暑山庄"，至乾隆五十五年（1790年）方成，占地四千八百多亩，五分之四为山地。山庄内不仅有山水楼台亭榭，还大面积栽植油松、梨、榆，形如林海，也保存了天然植被。

在今河北北部的木兰围场，元代以来就辟为狩猎场所，清代将此方圆千里的青山圈栏起来，并专门派人看守，从此这里就成了一个很大的"保护区"，康熙、雍正每年秋季都要到此狩猎，这样，这里的森林及其他植物与动物就得到了比较好的保护。然而咸丰以后，便废除了"秋狝"，光绪末年又复开围、垦荒、樵采，放牧与火灾使这里的森林植被遭到破坏，新中国成立后才获得新生。

3000多年来，中国的苑囿园池由单一的养殖、种植园发展为由人工增设构筑物并广为罗致奇异珍贵动植物，并与宫室结合，与生产结合（如药材、果蔬等），与艺术相结合，逐渐走向规模宏大、构筑精巧、内容丰富的成熟阶段。

◎故事感悟

　　古代苑囿对收集、栽培或养殖中国以至世界其他地区的名贵动植物，保护珍异的花木鸟兽鱼虫，都起到了一定积极的作用。今天，苑囿园池已经成为中华民族重要的自然遗产和文化遗产。对于历史上遗留下来的苑囿园池，应当很好地保护和研究，这对我们建设现在的自然保护区，保存遗传资源的动、植物园，都有着重要的意义。

◎史海撷英

圆明园被抢烧

　　清咸丰十年（1860年），英法联军在攻占北京后，于10月6日占据了圆明园。

　　10月7日，英法侵华头目在闯入圆明园后，立即"协派英法委员各三人合议分派园内之珍物"。英法侵略军入园的第二天，军官和士兵们都开始成群结伙地冲上前去，抢劫园中的金银财宝和文化艺术珍品。

　　由于园中珍宝太多，他们一时不知该拿何物为好，有的搬走了景泰蓝瓷瓶，有的贪恋绣花长袍，有的则挑选高级皮大衣，有的去拿镶嵌珠玉的挂钟。有的背负大口袋，装满了各色各样的珍宝；有的向外衣宽大的口袋里装金条和金叶；有的半身缠着织锦绸缎；有的帽子里放满了红蓝宝石、珍珠和水晶石……

　　侵略者们除了大肆抢掠之外，被他们糟踏了的东西更是不计其数。在圆明园内，有几间房子放满了绸缎服装，结果衣服都被侵略者们从箱子拖出来，扔得到处都是，人一走进屋里，几乎都可以遮没膝盖。工兵们还带着大斧，把园内的家具统统砸碎，取下上边的宝石。一些人还打碎了大镜子，另一些人凶狠地向大烛台开枪射击，以此取乐。大部分法国士兵都手抢木棍，将不能带走的东西全部捣碎。

10月9日，侵略者暂时撤离了圆明园。此时这座原本秀丽的园林，已经被毁坏得面目全非了。

◎文苑拾萃

居庸关

（清）顾炎武

居庸突兀倚青天，一涧泉流鸟道悬。
终古戍兵烦下口，先朝陵寝托雄边。
车穿褊峡鸣禽里，烽点重岗落雁前。
燕代经过多感慨，不关游子思风烟。
极目危峦望入荒，浮云夕日遍山黄。
全收朔地当年大，不断秦城自古长。
北守千官随土木，西来群盗失金汤。
空山向晚城先闭，寥落居人畏虎狼。

创造绿色的家园

◎环境，犹如我们的生命，一定要倍加呵护！——齐亮

如今，在甘肃省泾川县的山头上面，一望无尽的树木漫山遍野，郁郁葱葱。林中，鸟声啁啾，树影郁郁，槐花飘香，沁人心脾。

几十年前，"黄土高坡"上的泾川县还是林木稀疏，水土流失极为严重的地方。当时，这里的森林覆盖率不到1%，水土流失面积占总面积的98.6%。用当地人的话说，是个连"兔子都不拉屎"的地方。

经过半个多世纪的艰苦奋斗，泾川人民用汗水将这方贫瘠的黄土地浇灌成了绿色家园，把这个"兔子都不拉屎"的地方打造成了"全省林果支柱产业十强县"、"全国造林绿化百佳县"、"全国林业生态环境建设先进县"和"甘肃省实现绿化第一县"。如今的泾川县人工林保存面积已达69.6万亩，森林覆盖率由新中国成立前的不足1%提高到现在的34.9%。

冰冻三尺非一日之寒。之所以能取得这些成就和荣誉，全部依赖于泾川30多万人民几十年如一日地植树造林的苦心。

泾川县某乡的坡头村是一个地地道道的黄土高原村庄。村里人祖祖辈辈都指望山坡上那几亩单薄的黄土地，过着靠天吃饭的日子。然而由于土地过于贫瘠，地里出产的粮食连口粮都不够，更指望不上能换些零花钱了。

1999年10月，退耕还林的消息一传过来，村里就闹开了锅。

村民本来就吃不饱，现在还要把这些"口粮田"用来种树，这理到哪里也讲不通呀！虽然说是给粮，可是这里的一亩地的收成最多才50多公斤粮，

现在却说每亩补助粮食100公斤，哪有这种天上掉馅饼的好事？再说，地里要是先种上了树，万一到头来粮食一粒也拿不到，到时候怎么办？因此，村民们都不答应。

这可难坏了当时乡林业站的同志和坡头村的村支书。思来想去，干部们决定分三步走。

第一步，做好思想工作。林业站的同志和村干部走家串户，讲解国家的退耕还林的政策，并且作出保证，打消大伙的疑虑。

第二步，村干部带头退地。支书先把自家该退的四亩坡耕地统统种上了槐树。

第三步，粮食先行发放。村上以村委会的名义，从银行贷了五万元的款，谁要是退地，就先给谁发每亩50公斤的小麦，给村民们先吃上一颗"定心丸"。

这三步棋一走，大部分村民开始退耕了。

到了秋季，国家承诺的补助粮拉到了村里，每亩地20元的补助款也拿到了手，村民们的疑虑一扫而光。原先的少数钉子户也动了起来，主动把自家的退耕田整好，挖好了树坑，生怕来年的退耕造林把自家漏掉。

树种上了，但新的难题又来了。乡亲们的口粮是有了，可耕地却少了，花钱问题怎么解决呢？怎样才能让村民们都富裕起来呢？

于是，乡林业站的同志和坡头村的村干部们又开始着手解决"来钱难"的问题。他们把当地的一些致富"能人"都召集在一起，大家一起商量，最后决定在山区的生态林业园区搞高效经济林果。

到了第二年的春天，坡头村新栽了550亩红富士苹果树，果林总面积超过了1000亩。支书算了这样一笔账：处在盛果期的苹果年亩产2000公斤，保守一点，每公斤按1.6元算，那么每亩年收入将达3200元，去掉1000多元成本，净收入近2000元。

泾川县某乡长，在1998年到2000年任职期间，逢人就说退耕还林的好处，开会就讲退耕还林的政策。乡长自己也说："谈到退耕还林，我的话是太多，也怨不得别人嫌我唠叨。可是话该讲还是得讲，而且要讲深讲透，要把'退耕还林'讲到人们的心坎里去！"

村民们看到致富有望，个个都喜上眉梢。退耕还林工程也被称为一项货真价实的"民心工程"、"富民工程"。

泾川县的另一个乡是畜牧业大乡，人们一直靠放牧养畜维持生活。然而由于牛羊的践踏，该乡落下个"年年栽树不见树"的坏名声。1999年实施退耕还林以来，这个乡对退耕还林的山进行了封山护林。但由于执行的力度不够，牛羊还是经常进入造林区破坏树木。

这种情况让乡长忧心如焚，他果断地把各个封山护林区包给村干部，只要一有机会，他总要不厌其烦地讲一下退耕还林。

有一次，乡长无意中发现一群羊进入了一个封山造林区，他立刻把负责管护这个护林区的村支书等人叫到现场。但令村干部们始料未及的是，等待他们的并不是一顿臭骂，而是乡长的耐心教育。一番话下来，所有干部都心悦诚服，从此以后，这片林区再也没让乡长操心过。

就是凭着乡长苦口婆心地讲解和不遗余力地宣传，在不到两年的时间当中，该乡的造林护林就一步一个新台阶，全乡六万多亩退耕地顺利地都种上了槐树，并且全部得到了有力的保护。

乡长还经过多方请教，帮助全乡畜牧大户搞设施养畜。仅该乡的唐家村二组就建立设施养畜点28处。当地的畜牧业不但没有因封山护林受影响，还得到了长足的发展，成为该村致富的主要途径。从此，这片贫瘠的黄土地上催开了绿色的希望……

◎故事感悟

泾川县的退耕还林是成功的，在给人们带来丰盈收入的同时也有力地治理了自然资源。这个故事给我们深深的启示：实施退耕还林不仅具有十分重要的现实

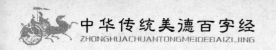
意义，而且具有深远的历史意义。实施退耕还林不仅能够使贫穷、环境恶劣地区林业的生产力及社会生产力得以快速发展，也有利于全国生产力的健康发展，为社会经济的可持续发展奠定了坚实的基础。

ZHONGHUACHUANTONGMEIDEBAIZIJING

中华传统美德百字经

顺·顺其自然

第三篇

环保法制建设

始祖们的环保禁令

◎毋坏屋，毋填井，毋伐树木，毋动六畜，有不如令者，死无赦。——《伐崇令》

神农氏（生卒年不详），即炎帝，三皇五帝之一。姜姓，别名烈山氏。湖北随州生人。远古传说中的太阳神。传说神农人身牛首，三岁知稼穑；长成后，身高八尺七寸，龙颜大唇。农业的发明者，医药之祖，有"神农尝百草"的传说。

在我国古代，人们很早就已经开始注重保护环境和生态资源了。今人经过研究查找，找到了一条西周时期的《伐崇令》。这是公元前11世纪时的一条军事纪律。然而让人们没想到的是，这条律令里面竟然就有保护环境和生物资源的命令。

《伐崇令》规定：在对崇侯的作战中，不准损坏房屋，不准填塞水井，不准砍伐树木，不准伤害六畜。如果有谁违犯了这些命令，一定要处以死刑，绝不赦免。

如果说这些命令是军事纪律，但它能包含一定的保护生物资源的内容，并且规定又十分严格，这是十分可贵的。更重要的是，其中还规定了禁止采集鸟卵和禁止用毒箭狩猎，更具有环境保护的色彩。

由此可见，至少从西周开始，我们的祖先就开始重视了对山林川泽的管理及生物资源的合理开发利用，完善了虞衡机构，并相应地制定了一些政令和禁令。当时，保护生物资源的政策即通过这些法令体现出来，并以国家或国君命令的形式颁布施行。

人们又发现，在夏朝的时候，也就是大禹和伯益生活的4000多年前，就产生了相当完整而系统的环境保护法令，这就是著名的《禹禁》。

为了更清楚地看一看大禹这道不平凡的禁令的面貌，我们可以把《禹禁》基本上原封不动地搬出来："春三月，山林不登斧（斤），以成草木之长；夏三月，川泽不入网罟，以成鱼鳖之长。"

这条禁令的意思不难懂，简单地说就是，在春天的三个月当中，不能带着刀斧进山割草伐木，为的是让草木能正常生长；在夏天的三个月当中，不能带着鱼网下河湖捕捞鱼鳖，为的是让鱼鳖能正常生长。

在4000年前，中国就出现了如此自觉保护生物资源的法令，我们的祖先的确让人刮目相看！

我们还可以追溯得更早一些，看一看神农帝的保护禁令："春夏之所生，不伤不害。"

神农就是传说中的炎帝，是原始社会中的一个部落联盟的首领。炎帝和黄帝合称为炎黄，是中华民族的始祖。神农也是中国农业和医学的创始人。他曾"教民稼穑"，也就是把种地的方法教给老百姓，又遍尝百草，鉴别药物，一天中曾中毒72次。不管这些传说确切与否，神农的开拓献身精神和伟大贡献则是永垂史册的。

◎故事感悟

神农帝生活的年代，大约距今有五六千年，那个时候有这样明确的保护禁令，确实难以想象。即使是后人附会而定出来的禁令，但附会也不能完全凭空捏造。再说，附会的时间至少也在距今3000多年以前，这不同样也很令人惊异吗？

◎史海撷英

神农氏铲草兴锄

神农氏是传说中我国古代原始农业的发明者，他教人们开垦荒地，播种五谷，带动了原始社会后期由渔猎畜牧到农业种植的转变与发展。"神农尝百草，日遇

七十毒",更是神农氏大仁大德的完美写照。

神农氏在种庄稼时,经常用石片在地里敲着、走着、喊着;"草死,苗长。"

后来,人们也逐渐变懒了。天热时,就用绳子把石片吊树上,人们坐在树下敲着、喊着,可是草也不死。没办法,人们就拿铲子铲草。可是地晒干后,铲草又十分费力气,有的用劲过大,还会把铲子铲弯。然而人们发现,用弯曲的铲子翻过来扒草,比铲草还要省力气,从此就有了锄。

齐国制定环保法令

◎亲亲而仁民，仁民而爱物。——孟子

> 齐景公（？—前490年），姜姓，名杵臼。春秋后期齐国国君。齐灵公之子，齐庄公之弟，公元前547至前490年在位，政治家。

根据《现代汉语词典》的解释，法是体现统治阶级意志，由国家制定或认可、受国家强制力保证执行的行为规则的总称。凡政策、法律、法令、条例、规程、决定、命令、判例等都属于法的范畴。在古代社会当中，帝王的诏令有一些也可以列入法的范畴。

古代关于保护生物资源、保障其合理开发利用的法律、法令、政策，究竟产生于何时，是怎样产生的，当然很难弄清楚。

不过，随着近年来环保工作的开展，不少学者和考古工作者进行了不懈的努力，在古代环保法典研究方面取得了不少令人惊异的成果。这些成果，大大推进了古代环境保护法令的研究。这些进展对今天的环境保护立法、执法工作无疑具有重要的借鉴作用。

在周代，自觉地保护环境，已成为上自达官贵人，下至平民百姓必须遵守的普遍准则，而且有很多保护环境的措施是被当做礼数或法令，谁想违反都不行，就连国君也难以例外。

这里，我们可以先看看古书上记载的一个发生在春秋时代的真实的故事。

故事发生在齐国。

有一次，齐国的国君齐景公一时心血来潮，临时决定要去打猎。那时，山林川泽草木鸟兽鱼虫都由虞官管着，谁也不能随便采伐或捕猎。就是国君要打猎，也必须通过虞官，就像现在厂长要调拨生产器材必须通过仓库管理部门一样。

齐景公派人去叫虞人随他去打猎，哪知过了一会儿，那人回来向齐景公报告说，虞人不来。齐景公勃然大怒，这怎么了得？国君叫虞人来陪他打猎，他都不来，看我不杀了这小小的虞官！

齐景公怒气冲冲地找到虞官，手指着虞官的鼻子说："寡人叫你陪我去打猎，你为什么不来？你眼里还有没有寡人？"

虞人上前施礼回答道："大王息怒，不是我不来，是刚才招我的人没有拿虞旗，他拿的是旌。旌是招大夫的，招虞人是必须拿虞旗来的，这是咱们国家的规定。我不敢违反，因此没来。"

齐景公听了他的回答，翻翻白眼，无话可说，因为虞人所说的那些礼节都是国君规定的，只好把一腔怒气发泄到刚才去招虞人的那个随从身上："笨蛋，废物，你怎么连拿什么旗都记不住，滚开！"

后来，孔子听说这件事后，连连称赞这位虞人遵守环保制度，恪守职责，而且还保护了生态环境，做得对。

◎故事感悟

撇开齐景公的心血来潮和虞人的遵守环保法令不谈，从这个故事中可以折射出，齐国当时制定的保护生态环境的法令是很科学的，对保护自然资源和环境作出了巨大的贡献。

◎史海撷英

平丘之会

周景王十六年（公元前529年），楚国国君楚灵王被杀，楚平王即位。当时，楚国正在修复灵王时代遗留下来的战争创伤，因此无力北顾。晋国的晋昭公认为，这是晋国再次树立自己霸主权威的最好时机。因此，昭公为恢复霸业，与齐国争夺霸主，召开了平丘之会。

这一年，晋昭公带领着六正当中的五卿（韩宣子韩起、赵景子赵成、魏献子魏舒、范献子士鞅、智文子荀跞），率各家军队共计4000乘兵车进驻卫国，并告知诸侯再次会盟。随后，晋昭公便派叔向去见周景王，以取得天子的支持，用天子之命号令诸侯。

周景王同意后，晋昭公又派叔向去见齐景公。叔向依礼向齐景公说明了这次会盟的规定和意义，明确表示，齐国是必须参加这次盟会的。

然而齐景公认为，齐国尚不可以直接与晋国对抗，因此便说："我不过是想提醒一下贵国，随便说说罢了。是否需要会盟，还是你们大国说了算。现在既然已经决定了，我们齐国怎么敢抗命不遵呢？到时候我一定恭敬地去参加。"

叔向察觉到了问题的严重性，便建议晋昭公与诸侯国君同观兵车，连续三次检阅部队，诸侯震惊。但是，他从会盟结果中也看到了一部分诸侯对晋国所存的二心，做表面文章、虚于应付罢了，大家害怕的是以前团结的晋国。

◎文苑拾萃

"踊贵屦贱"的典故

春秋后期，齐景公在位期间，齐国的刑法相当残酷，动辄就把人的双脚砍掉。当时，社会上出现了一种职业：专门做假脚出售。

有一次，齐景公见大夫晏子的住所太破旧了，想让他换一换住所，就对晏子说："先生的住宅靠近市场，又狭小，又嘈杂，请换一个清静的住所吧。"

晏子说："这是先父住过的地方，我的功德远不及先父，这间住宅对我来说已经是够奢华的了。再说家近市场，早晚买东西方便，对我是很有利的。"

齐景公笑着问晏子："先生既然住在市场旁边，可知道最近物价的贵贱吗？"

"当然知道。"晏子答道。

"那么，什么东西卖得贵，什么东西卖得贱呢？"

晏子答道："假脚卖得贵且在天天涨价，鞋子卖得便宜且在天天跌价。"

齐景公听了晏子的话后，脸色大变，于是就不再滥用砍脚的酷刑了。

《礼记》的环保规定

◎一粥一饭当思来之不易，半丝半缕恒念物力维艰。——朱伯庐

> 戴德（生卒年不详），西汉时梁（今安徽砀山）人，又据《成安县志》为魏郡斥丘（今河北成安东南）人。西汉时期著名的礼学家，今文礼学"大戴学"的开创者。曾任信都王（刘嚣）太傅。宣帝时立为博士，称"大戴"，也叫"太傅《礼》"。曾选集古代各种有关礼仪等的论述编成《大戴礼记》八十五篇，今残。戴德和《小戴礼记》的编纂者戴圣（戴德之侄）都是西汉经学家后苍的弟子。

　　《礼记》是我国西汉时期著名的礼学家戴德所编撰，也是秦汉以前各种礼仪论著的选集，与《诗经》、《尚书》、《易经》、《春秋》合称为"五经"，成为儒家学说的经典著作。在这本书里，对保护环境规定得相当详细。

　　在《礼记》当中，有一个篇目名叫《月令》，是讲物候节令的，其中对各个季节怎样注意保护生物资源作了严格规定。

　　《月令》规定，正月是春季的开始，是生物生育的季节，所以在祭祀山林川泽时用的牺牲不能用牝的，如母牛、母羊等。正月里，禁止砍伐树木。不许捣覆鸟窝，不许残害益虫的幼虫，不许猎取怀胎的母兽，不许猎取幼兽，不许打刚刚会飞的小鸟，不准捕杀小鹿那样的小兽，不准掏鸟蛋。这些规定，显然是为了让草木鸟兽能正常繁殖。

　　《月令》规定，在二月，植物刚刚开始萌芽，要爱护它。这时候，对幼小的动物，要特别加以保护和养育。不能戽干河川湖沼的水，不能拿网去陂池

塘中捞鱼，不能用火焚烧山林。这种"安萌芽，养幼少"的规定，就是为了让生物长成。

季春三月，国君命令掌管工程事务的司空说：雨季即将来临，地下水开始上涌，要赶快巡视各地，看看原野的形势，必须修整的堤防要立即赶修，淤塞的沟渠要立即疏导，并且要开通道路，使之没有阻塞。还特别要求，捕猎鸟兽用的各种器具和毒杀野兽的毒药，一概不许携出城门，看守田野山林的虞官要禁止任何人斫伐桑条和柘枝。

《月令》又说，四月为仲夏，是一切生物继续生长增高的时候，不能去伤害它们。四月份里不要起大工程，不要征召群众，亦不要砍伐大树，这一方面是不要妨碍万物的成长，也是为了防止耽误农业生产。还让管理山林田野的野虞前往各地，代表天子慰劳农民，勉励他们努力生产，不可违误农时。在这个月里，要常常驱赶家畜野兽，防止它们伤害五谷禾苗，但又不得举行大规模的打猎活动。

仲夏五月，鹿角要脱下来，蝉开始鸣叫，半夏草长起来了，扶桑花正在盛开。这个时候，不要割蓝草染布，也不要烧草为灰作肥料。

季夏六月，这时河湖里龟鳖等水生动物和蒲草都可以取用了。六月又是树木长得最茂盛的时候，于是命令虞人进山巡视林木，防止发生砍伐树木的事。

同样，对孟秋七月、仲秋八月、季秋九月、孟冬十月、仲冬十一月、季冬十二月，《月令》都分别作出了规定。如孟秋可以少伐一些树，仲秋可以多伐一些树，季秋"草木黄落，乃伐薪为炭"，说明采伐林木的政策进一步放宽，体现了按时节封禁与开放的精神，并不是只讲保护，不讲利用。对鸟兽的以时禁发政策也是这样，季秋九月规定天子要教练打猎，这主要是为了练兵，但不能大量捕猎野生动物。而仲冬十一月，人们可以到山林川泽中大量采猎野生动植物，准备过冬。到了季冬十二月，就允许大量捕鱼了。

《月令》的这些规定，体现了山林川泽按时间封禁与开发（以时禁发）的原则，虽然有许多具体规定对今天未必适用，但那时在利用生物资源的同时又注意保护的精神，在2000多年后的今天，仍未过时。《月令》中"以时禁发"的规定如此详细、具体、严格，这也是十分可贵的。

《礼记》中还有专门关于打猎的规定，很具体，有时使人感到很啰嗦，但也有点趣味。《礼记》规定，在春天行猎的时候，国君不得采用合围猎场的办法来大量捕杀野兽，大夫不得整群整群地猎取鸟兽，士人不得猎取幼兽或拾取鸟蛋。显然，这些规定是为了使鸟兽正常繁殖。

《礼记》还规定：天子、诸侯在国家没发生什么大事的时候，每年要行猎三次。打到的猎物又分作甲乙丙三等，甲等当然是优质的，也就是最完整的猎物，晒干后在祭祀这样的大场面上用。乙等的用来宴请客人，最差的算丙等，作为家常食用品，自己吃。如果没有大事而不去打猎，那就是不敬。打猎不按规定的礼法进行，那就是破坏野生生物。

打猎的礼节，原则地讲，天子不得一网打尽所有的禽兽，应该留一处让它们逃生。诸侯打猎亦不得将整群鸟兽尽数袭杀。打到野兽之后，天子要降下专用于打猎的大指挥旗，诸侯要降下小指挥旗。天子、诸侯打完之后，大夫接着打。大夫打到野兽之后，就命令停下协助追赶野兽的佐车。大夫的佐车停下以后，老百姓就可以打猎了。

不但如此，还对打猎的季节也作了严格规定：正月獭祭鱼以后，管理水泽的虞人就可以下湖了；九月豺祭兽之后，可以进行打猎活动；八月鸠化为鹰之后，可以张设罗网捕鸟；九月草木凋落之后，可以进山砍伐树木；到了十月以后，昆虫蛰藏不动，才可以烧草肥田。还规定：不要捕杀幼兽，不要攫取鸟卵，不要残害怀胎的野兽，不要杀害刚出生的鸟兽，不要倾覆鸟巢。

显然，古人很懂得覆巢之下没有完卵的道理。

◎故事感悟

我们不必深究古代礼法中的各种细节，而应看到周代的"礼"中，确实包含着许多保护野生动植物资源的规章制度。同时说明了我国古代先民在生产水平并不发展的时代，已经意识到保护野生动植物的重要性了。

◎史海撷英

恐龙的灭绝

1980年，美国科学家在6500万年前的地层中，发现了一些高浓度的铱。这样浓度的铱在陨石中能找到，因此，科学家便将其与恐龙灭绝联系起来。而且根据铱的含量，科学家还推算出，在6500万年前，撞击地球的物体应该是相当于直径10千米的一颗小行星。如此巨大的陨石撞击地球，对于地球来说，可算是一次无与伦比地打击了。如果以地震的强度来计算的话，大约相当于里氏10级，而撞击产生的陨石坑直径将超过100千米。

科学家开始为我们描绘了6500万年前行星撞击地球的那壮烈的一幕。

有一天，恐龙们还在地球乐园中无忧无虑地尽情吃喝，突然，天空中出现了一道刺眼的白光，一颗直径约10千米，相当于一座中等城市般大的巨石从天而降，它以每秒40千米的速度一头撞进大海当中，在海底撞出了一个巨大的深坑。海水被迅速气化，蒸汽向高空喷射达数万米，随即便掀起的高达5千米的海啸，并以极快的速度向周围扩散。冲天的大水横扫着陆地上的一切，汹涌的巨浪席卷地球表面后会合于撞击点的背面一端。在那里，巨大的海水力量引发了德干高原强烈的火山喷发，同时，还使地球板块的运动方向发生了改变。

在这场可怕的灾难当中，陨石撞击地球产生了铺天盖地灰尘，极地雪迅速开始融化，植物毁灭了，火山灰也充满天空。一时间，气温骤降，大雨滂沱，山洪暴发，泥石流将恐龙卷走并埋葬起来。

此后，数月乃至数年的时间里，天空依然尘烟翻滚，乌云密布，地球因终年不见阳光而进入低温中，苍茫大地一时间沉寂无声。生物史上的一个时代就这样结束了。

秦代制定环保文献

◎我们追求健康环境的努力是无止境的，它应该是一种行为和生活方式。——格言

> 商鞅（约公元前395—前338年），卫国（今河南安阳市内黄梁庄镇一带）人。战国时期政治家、思想家，先秦法家代表人物。姬姓，卫氏，又称卫鞅、公孙鞅（卫鞅之"卫"即氏於国，商鞅之"商"即氏於居或氏於官，又"诸侯之子曰公子，诸侯之孙曰公孙，公孙之子以王父字为氏"。卫鞅之祖为卫国君，故又称公孙鞅）。商鞅应秦孝公求贤令入秦，说服秦孝公变法图强。孝公死后，受到秦贵族陷害以及秦惠文王的猜忌，车裂而死。

　　1975年底，湖北省博物馆以及孝感地区和云梦县文化部门的考古工作者，在湖北云梦县睡虎地十一号秦墓中发掘出一批秦代竹简。这是第一次发现秦简。这次出土的秦简被称做"云梦秦简"。

　　睡虎地云梦秦简数量真不少，有1100多枚，它是一个叫喜的秦代下级司法官员的陪葬品，其内容十分丰富，计有《编年纪》、《语书》、《秦律十八种》、《效律》、《秦律杂抄》、《法律问答》、《封诊式》、《为吏之道》、《日书》甲种、《日书》乙种等等。

　　这些名目，有的是竹简上原有的，有的是考古工作者整理简文时加的。

　　在《秦律十八种》之中，有一种原题为《田律》的。

　　《田律》的主要内容是有关农业生产的，其中有一部分则是专门讲环境保护的。其竹简原文如下：春二月，毋敢伐林木山林及雍隄水。不夏月，毋敢夜草为灰，取生荔麛鷇鷇，毋……毒鱼鳖，置穽罔，到七月而纵之。唯不幸死

而伐绾享者，是不用时。邑之斫皂及它禁苑者，麛时毋敢将之以田。百姓犬
入禁苑中而不追兽及捕兽者，勿敢杀；其追兽及捕兽者，杀之。河禁所杀犬，
皆完入公；其他禁苑杀者，食其肉而入皮。

这段简文的意思是：春天二月，不准到山里去砍伐树木，不准堵塞水道。
不到夏季，不准烧草作肥料，不准采摘刚发芽的植物，或猎取幼兽，或拣取
鸟卵，或捕杀小鸟，不准……毒杀鱼鳖，不准设置捕捉鸟兽的陷阱和网罟。
到七月，这些禁令才解除。只有因死亡而需要做棺材的时候，才不受季节的
限制。凡是居民点靠近牛马圈及兽类养殖场或其他禁苑的，在幼畜、幼兽刚
生下来的时节，居民不得带猎犬前去打猎。百姓的猎犬进入禁苑，如未追捕、
伤害苑中野兽时，虞官惩治违法者时要掌握分寸，不得随便处死猎犬；如果猎
犬追捕和伤害了苑中的野兽，则要处死猎犬。猎犬若在设有警戒线的地区被
打死，猎犬的尸体应完整地上交官府；猎犬如果是在其他禁苑被打死的，允许
猎犬的主人将狗肉吃掉，只是狗皮要上交即可。

这段话的意思不难理解，如果说有什么地方需要补充说明的话，那就是
"禁苑"。

在古时候，苑是帝王或官家设置的专门放养各种珍禽异兽以供游猎的地
方。这种地方有的以养兽为主，有的广植奇花异木，也有的掘池放养鱼鳖，
有的还建有亭台阁榭，形式和风格多种多样。有时，又把它们分别称为"苍"、
"圃"、"园"、"池"等。其中有名的苑如汉朝的上林苑、清朝的木兰围场；有
名的园如北京的颐和园，苏州的留园、西园等。至于圃，汉代以前为了清楚
起见，又把有围墙的苑叫圃，没有围墙的称为苑。后来，圃与苑的区分就不
大了。

苑圃是古代奴隶主和封建统治者游乐享受的场所，当然不准平民百姓进
去开荒种地、放牧、打柴和狩猎，所以一般都是禁地，因此就叫"禁苑"。许
多禁苑实际上是一种保护区，很多珍奇动植物在那里受到了保护。

从上面简文看出，《田律》中的这些法律规定，几乎包括了古代生物资源

保护的所有方面，陆地上的草木，山林中的鸟兽，水泽中的鱼鳖，家畜养殖场及苑囿园池，应有尽有，确实是非常全面的。

同时，我们知道，《田律》的主要内容是关于农业生产的法律。秦王朝把生物资源保护的规定放到关于农业生产法律的《田律》中，说明之所以作出这些规定的出发点之一在于保障农业的发展，我们不能不承认这是将环境保护与生产发展密切结合起来的正确思维的体现，尽管它不如现在的更明确、更自觉，但已相当可贵。但是，《田律》中的这些保护规定，有的又具有一定的相对独立性，其中的许多内容与农业生产并无直接的联系，有一些与林业、渔业、牧业都没有直接关系，纯系环境保护的内容。由此，我们把《田律》中的上述规定称为秦代环境保护法律是当之无愧的。

秦王朝的法律，主要是由商鞅等制定的。汉代的法律，大都因袭秦律制定，可以说汉朝法律在秦代已大部形成。因此，秦律在法律史上是具有划时代意义的。

在1975年以前，人们能够看到的历史上最早的完整的法律是唐律。唐以前的法律，由于历史上有人做过辑录研究，所以我们看到的是一些零章断篇，并未见到完整的法律条文。1975年，在云梦出土了秦律后，等于找到了秦代当时的法律文件，因而它成为我国已发现的最早的法律条文。

《田律》中的有关规定，也就成为我国最早的环境保护法律。

◎故事感悟

很多人凭自己的想象，认为古代人在几千年以前不可能想到要自觉地保护环境，现在公之于世的一些古环保史文献，人们总认为是有人根据现代环保意识把古人的著作美化了。其实并非如此，古人保护环境确实是自觉的。这些环保法令的颁布和实施向世人证明：中国自古就是注重顺应自然规律、保护环境的。那么当今社会的我们是不是也该为自己不注意保护环境的行为感到羞愧和自责呢？是不是该向古人学习他们保护环境的措施呢？

◎史海撷英

商鞅投奔秦国

商鞅"少好刑名之学"，专门研究如何以法治国，受李悝、吴起等人的影响很大。

后来，商鞅成为魏国宰相公叔痤的家臣。公叔痤病重时曾对魏惠王说："公孙鞅年少有奇才，可任用为相。"又对惠王说："王既不用公孙鞅，必杀之，勿令出境。"

公叔痤死后，魏惠王对公叔痤临死前的嘱托不以为然，当然也就没有照做。后来，公孙鞅听说秦孝公下令在国中求贤，准备收复秦之失地，便带着李悝的《法经》到了秦国。通过秦孝公宠臣景监，商鞅三见秦孝公，提出了帝道、王道、霸道三种君主之策。三种计策，只有霸道得到了秦王的赞许，并成为秦国强盛的根基。

公元前359年，商鞅在秦国任左庶长，开始实施变法，后来又升为大良造。

◎文苑拾萃

述古三首

（唐）杜甫

赤骥顿长缨，非无万里姿。

悲鸣泪至地，为问驭者谁。

凤凰从东来，何意复高飞。

竹花不结实，念子忍朝饥。

古时君臣合，可以物理推。

贤人识定分，进退固其宜。

市人日中集，于利竞锥刀。

置膏烈火上，哀哀自煎熬。

农人望岁稔，相率除蓬蒿。

所务谷为本，邪赢无乃劳。

舜举十六相，身尊道何高。

秦时任商鞅，法令如牛毛。

汉光得天下，祚永固有开。

岂唯高祖圣，功自萧曹来。

经纶中兴业，何代无长才。

吾慕寇邓勋，济时信良哉。

耿贾亦宗臣，羽翼共裴回。

休运终四百，图画在云台。

秦以后的环保法制

◎为人君而不能谨守其山林菹泽草莱，不可以立为天
下王。——《管子》

从秦朝以后，我国的环境状况开始恶化，其中虽然有起有伏，但大的趋势是环境质量日益下降。即便如此，我国的各个朝代差不多都发布过一些环境保护的法令。

西汉宣帝元康三年（公元前63年）夏六月，汉宣帝曾下过一道诏书，命令京城附近不得在春季和夏季捣毁鸟巢掏取鸟蛋，不得用弹弓打飞鸟，这要成为一项法令。

在南北朝时期，宋明帝泰始三年（467年），明令禁止不按季节捕鸟的做法。

北齐后主天统五年（569年）也发布命令，禁止用网捕猎鹰、鹞和观赏鸟类。

唐高祖武德元年（618年）发布命令，禁献奇禽异兽。

宋代也重视生物资源保护，多次下诏，申明法度或制止滥捕滥猎行为。

在这里，还有一个发生在宋代时期的真实故事。

宋代时期，有一个道德败坏的妇人，名字不详，这里权以"某妇"代称。她与一个男人通奸，整天苦思冥想，要阴谋陷害自己的丈夫。有一天，她终于想出了一条妙计，不禁大喜过望。

这天下午，丈夫回到家里，某妇一改往日冷若冰霜的态度，笑脸相迎，还特地炒了几样新鲜菜蔬，烫了一壶水酒，让丈夫吃了个痛快。

吃过饭，某妇对丈夫说："夫君啊，我跟了你这么多年，生活总是紧紧巴

巴的，你也不动动心思，搞点零花钱，贴补贴补家用？"

丈夫叹了口气，说："这年头，哪有什么来钱的门路？我们又没有本钱！"

"我倒有个项目，是无本生意，只怕你吃不了那份苦！"

"吃苦咱不怕！"

"好，能吃苦就行。"某妇凑近丈夫，诡秘地说："你知道吗？城里人爱吃青蛙，他们管青蛙叫田鸡，一斤能卖很多钱呢！"

"真的？"丈夫听完，眼里放出了光，"可那又到哪里去捉呢？"

"我听人说，城外的水塘里多得是，你不会晚上去一趟吗？"

"去是可以，可是官家有规定，不让捉青蛙呀！"

"怕什么，人家都敢去，就你窝囊废。"

于是丈夫借着酒力壮了胆，一拍胸脯："好了好了，去就去，我才不怕呢！"

丈夫前脚走，某妇跟着出门，来到守城军士的营地……

丈夫来到郊外，刚刚抓到几只青蛙，两个守城军士就出现在了他的面前，不容分说，一条铁链就锁了他的脖子，被押送到县衙大堂。就这样，这位妇人的丈夫终于中了妇人的奸计，丢了性命。

10世纪的前半期，中国处于五代十国的割据局面，直到960年赵匡胤发动陈桥兵变，又经过十几年才统一了全国。

宋代，特别在北宋，仍相当重视生物资源的保护，其突出的地方是注重立法保护，尤其以皇帝下诏令的方式，一再重申保护禁令，不绝于书。

在宋朝刚刚建立、北方还没有平定的时候，也就是杨家将正在前方抵御辽邦入侵的年代，宋太祖建隆二年（961年）二月，便下禁采捕诏，其中说："鸟兽鱼虫，俾各安手物性置罘罗网，宜不出于国门，庶无胎卵之伤，用助阴阳之气。其禁民无得采捕虫鱼，弹射飞鸟，仍永为定式，每岁有司具申明之。"

这条诏令的大意是，鸟兽鱼虫，要让它们按照自然规律来生存繁衍，在春天二月，一切捕捉鸟兽鱼虫的网具，都不应该携出城门以外，不要伤害兽胎、鸟卵，以助阴阳之气。具体禁令是：老百姓不得采捕虫、鱼，不得弹射飞鸟。这个规定要永远成为一种法令，每年有关官吏都要反复申明。

宋太宗于太平兴国三年（978年）四月也仿效太祖下诏说："方春阳和之时，鸟兽孳育，民或捕取以食，甚伤生理，而逆时令，自宜禁民，二月至九月无得捕猎……州县吏严饬里胥，伺察擒捕，重真其罪，仍令州县于要害处粉壁，揭诏书示之。"

这条诏令的大意是，在春暖花开的时节，正是鸟兽繁育的时候，有的老百姓在春天捕食鸟兽，对鸟兽生育的危害很大，而且违犯了时令，当然应禁止他们，二月至九月都不得捕猎鸟兽，州县官吏要严令乡里基层官员，侦察捉拿违令者，重治其罪。还要命令各州县在交通要道等处的墙壁上刷大标语，张贴布告，广泛宣传诏令，晓以利害。

宋真宗天禧三年（1019年）二月，真宗在下禁捕山鹧诏时说，山林川泽广大，鸟类确实繁多，这本来是好事情，却招致人们以绳套捕捉的祸患。他们把这些鸟禽作为玩耍的东西，对娱乐是有用，但破坏了鸟类的繁衍。现在是阳春三月，正是禁捕时节，特重申法律禁令：从今以后，任何人不得采捕山鹧，有山鹧生长的地方，地方官吏要常加禁察。根据这道诏书特别指明禁捕山鹧的内容看，可能当时山鹧系因滥捕而濒于灭绝。

宋代屡屡以皇帝下诏的方式颁发保护生物资源的禁令，说明其重视的程度。宋代把保护法令反复重申，广泛宣传，务使家喻户晓，这种做法也是很有效的。宋代还命令州县官吏以至乡长里胥之类的基层官吏侦察捕拿违犯禁令的人，可见其认真程度及执法之严。

辽代，道宗清宁二年（1056年）发布命令，在鸟兽繁殖季节，禁止在郊外纵火。

在明朝和清朝，也有冬春之交不准在河湖撒网捕鱼，春夏之交不准在田野使用毒药等规定。但总的来说，明法弛禁的时候很多，禁令不很严格。

◎故事感悟

在漫长的历史上，历代统治阶级都发布了很多关于保护生物资源的法律、命令和规定，有的是出于合理利用生物资源的目的，有的是为了发展农业生产，也

有的是为了满足统治阶级自己淫乐的需要。但不管出于何种动机，客观上都对生物资源起到了不同程度的保护作用。

◎史海撷英

世界环境日的由来

1972年6月5日至16日，联合国在瑞典首都斯德哥尔摩召开了人类环境会议。

这也是人类历史上第一次在全世界范围内召开研究保护人类环境的会议。出席会议的国家有113个，共1300多名代表参加。除了政府代表团外，还有民间的科学家、学者等参加。

会议讨论了当代世界的环境问题，制定了一些对策和措施。在举行会议前，联合国人类环境会议秘书长莫里斯·夫·斯特朗委托58个国家的152位科学界和知识界的知名人士，组成了一个大型的委员会，为大会起草了一份非正式报告——《只有一个地球》。

在这次会议中，也提出了一个响遍世界的环境保护口号：只有一个地球！会议经过12天的讨论交流后，形成并公布了著名的《联合国人类环境会议宣言》，以及具有109条建议的保护全球环境的"行动计划"，呼吁各国政府和人民为了维护和改善人类环境、造福全体人民、造福子孙后代而共同努力。

1972年10月，第二十七届联合国大会通过了联合国人类环境会议的建议，规定每年的6月5日为"世界环境日"，让世界各国人民永远记住它。

ZHONGHUACHUANTONGMEIDEBAIZIJING

中华传统美德百字经

顺·顺其自然

第四篇

顺其自然的人生

老子谈人生

◎谁道群生性命微，一样骨肉一样皮。——白居易

> 李耳（约公元前571—前471年），字伯阳，又称老聃。是我国古代最伟大的哲学家和思想家之一，道家学派创始人，世界文化名人。后人称其为"老子"（古时"老"字的读音和"李"字相同）。楚国苦县（今河南省鹿邑县太清宫镇，一说为安徽亳州涡阳）人。

有一次，孔子向伟大的哲学家和思想家老子求教，说："今天安闲，特意来向您请教最高的道是什么。"

老子说："你首先要静心修养，疏通自己的心灵，净化自己的精神，破除自己的才智！至于道，深奥难以说明啊！我只能给你说说大概。"

"明亮的东西是从晦暗中生出来的，有形的东西是从无形中生出来的，精神是从大道中生出来的，形质是从精微之气中生出来的，万物又都凭借各自的类型而推衍变化。具有九个孔穴的动物是胎生的，具有八个孔穴的动物是卵生的。万物的到来没有足迹，它们的离去没有踪影，没有门径，没有归宿，通达四方而浩大无边。遵循这个道理的人，四肢强健，思虑宏达，耳聪目明，应对万物无阻碍。天不得不高远，地不得不广大，日月不得不运行，万物不得不昌盛，这就是道的力量啊！"

"况且，博览经书的人不一定具有真知，擅长辩论的人不一定具有灼见，圣人早已断然弃绝这些了。至于那增加了却看不出增加，减少了却看不出减

少，正是圣人所要守持的东西。深邃莫测啊如同大海，巍峨耸立啊如同高山，周而复始地运行，运转着万物永不休止，万物从它那里源源不断地获取生命的资助，这就是道啊！"

"中原之地有人生活着，不偏于阴也不偏于阳，处于天地之间；因为具备人的形体，我们姑且称之为人，人将来总是要归返他的本原。所谓生命，是由气凝聚而成的东西。虽然生命有长寿和短命的不同，但是相差有多少呢？人的一生只是须臾之间的事，哪里还用得着区别唐尧和夏桀的是和非呢？瓜果虽然各不相同，却有共同的生长规律；人间伦理虽然错综复杂，却可以依年长年幼排列次序。圣人遇上这些事从不回避，过往而不拘守。调和顺应，就是德；随机应变，就是道。道与德是帝王得以兴起的凭借。"

"人生存在于天地之间，就像急驰的白驹横越一线空隙，一闪即逝，是忽然间的事。万物自然地蓬勃生长，又都自然地衰萎死亡。已经变化而生于世间，又经变化而死离世间，生物为此哀伤，人类也为此悲痛。但是，死亡是解脱自然的束缚，毁坏了自然的拘禁，纷然变化，精神消散，身体也随着消逝，这也就是生命返归本原。由无形变成有形，又由有形变为无形，这是人们所共同知道的，也是一般人所共同议论的，但并不是得道的人所追求的。得道的人是不议论的，议论的人是不了解道的。大张旗鼓地讨论不会真正体察道，辩说不如缄默不言。道不能靠听传闻获得，听传闻不如塞耳不听，这才是真正的得道。"

老子所讲述的故事中，阐述了有形的东西是从无形中生出来的，万物又各自凭借自己的类型推衍变化，这一切都是遵循着道。只要顺应变化，随机应变，就是得道，也就是人生最高的修养。

◎故事感悟

道家这里所说的"道"，相当于今天我们所说的道理、规律。道家认识到万物在遵循道而生成、变化、死亡，这是符合唯物辩证原理的。但是道家认识到道的强大作用的同时，却只是主张消极的顺应，而不讲人的主观能动作用，这是不

对的。人生就时间长河来说是短暂的，从这一点来看，我们就应该珍惜生命，但不是混日子等死，而是要在有限的时间中为人类社会多作一些贡献。

◎史海撷英

老子"无为而治"的思想

"无为而治"的思想首先是由老子提出来的。

老子认为，天地之间的万物都是由道化生的，而且天地万物的运动变化也都遵循着道的规律。那么，道的规律又是什么呢？老子说："人法地，地法天，天法道，道法自然。"（《道德经·二十五章》）

由此可见，道的最根本规律就是自然，即自然而然、本然。既然道是以自然为本的，那么，对待任何事物就都应该顺其自然，无为而治，让事物按照其自身的必然性而自由发展，使其处于符合道的自然状态，不要对它横加干涉，不以有为去影响事物的自然进程。

◎文苑拾萃

道德经三十八章

（春秋）老子

上德不德，是以有德；下德不失德，是以无德。

上德无为而无以为；下德无为而有以为。

上仁为之而无以为；上义为之而有以为。

上礼为之而莫之应，则攘臂而扔之。

故失道而后德，失德而后仁，失仁而后义，失义而后礼。

夫礼者，忠信之薄，而乱之首。

前识者，道之华，而愚之始。是以大丈夫处其厚，不居其薄；处其实，不居其华。故去彼取此。

一切都应顺其自然

◎俯仰终宇宙、不乐复何如。——陶渊明

端木赐（公元前520—前456年），字子贡。孔门七十二贤之一，孔子的得意门生，且列言语科之优异者。孔子曾称其为"瑚琏之器"。他利口巧辞，善于雄辩，且有干济才，办事通达，曾任鲁、卫两国之相。他还善于经商之道，曾经经商于曹、鲁两国之间，富致千金。为孔子弟子中首富。相传，孔子病危时，未赶回，子贡觉得对不起老师，别人守墓三年离去，他在墓旁再守了三年，一共守了六年。

子桑户、孟子反、子琴张三个人在一起谈说："谁能够做到相交而不是有意相交，相助而不是有意相助呢？谁能够登上天空，遨游在云雾里，升腾于无极中，置生死于度外，而没有穷尽呢？"三个人相视而笑，心心相通，于是相互成了朋友。

过了不久，子桑户就死了，但还没有下葬。孔子听说了，就让弟子子贡前往帮助办理丧事。子贡来到子桑户家，看见孟子反和子琴张两个人一个在编曲，一个在弹琴，还应和着唱道："哎呀桑户啊！哎呀桑户啊！你已经回归自然了，而我们还是活着的人啊！"子贡感到惊奇，就走上前问："请问，你们面对着尸体，却唱起歌来，这合乎礼仪吗？"两个人相视而笑，说："这种人哪里知道什么是礼仪呢！"

子贡回去后，把这事告诉了孔子，说："他们究竟是什么人啊？不讲求道德的修养，也不珍惜自身的存在，面临朋友的尸体唱起歌来，脸色不变，不

知如何形容他们才恰当。他们究竟是什么人呢？"

孔子说："他们是超脱世俗的人，而我们是世俗之内的人。世俗之外和世俗之内是不相干的，而我却让你去前往吊唁，这是我浅陋无知呀！他们正和造物者为伴，遨游在天地间的元气之中。他们把生看做是附在身上的赘瘤，把死看做是脓疮溃破，像这样认识，又哪里知道生死有先后优劣的差别呢？凭借着外界的物质，聚合成为一个形体；遗忘了体内的肝胆，遗忘了体表的耳目；让生命随着自然而循环变化，不探求它们的原委；茫然无知地彷徨于尘世之外，逍遥自在地生活于自然的境界中。这样，他们怎能不情愿地仿效世俗的礼仪，做给一般人看呢？"

子贡听孔子这么说，就问："那么，先生倾向于哪一方面呢？"

孔子说："我应当是受自然之道惩罚的人。尽管如此，我和你仍然要共同追求那自然之道。"

子贡又问："请问自然之道的方法是什么？"

孔子说："鱼向往水，人向往道。向往水的，有了池塘，给养就充足了；向往道的，无所追求，心性就趋于自然了。"

子贡继续问："请问不合于俗的异人是什么人？"

孔子说："异人是不同于世俗而合于自然的人。所以说，对于自然来说是小人的，却是世俗间的君子；对于世俗间来说是君子的，却是自然的小人。"

"死和生都不是人为力量所能左右的，如同黑夜和白天交替那样不断地变化，完全出于自然。有些事情是人们不可能参与和干预的，这都是事物自身变化的结果。人们总是把天看做生命之父，而且终生爱戴它，更何况是主宰变化的大道呢！"

"泉水干涸了，鱼儿困在陆地上相互依偎，互相大口出气来吸得一点湿气，以唾沫相互润湿。与其如此，不如将过去江湖中的生活忘掉。大地把我的形体托载，并且用生存使我劳苦，用衰老使我闲适，用死亡使我安息。所以，把我的存在看做是好事，也就因此应该把我的死亡也看做好事。"

◎故事感悟

故事中讨论人的死和生，认为死和生都是自然变化的现象，只有看破死和生，超脱世俗之见，才能使思想得到真正的解放。这当然是有积极意义的。不过，道家所谓置生死于度外，是建立在虚无主义基础上的，这是不足取的。另外，道家在强调自然变化也即道的力量时，只讲听命于自然，而放弃人的主观能动性，这是比较消极的。

◎史海撷英

孔子提倡以德治国

在治国的方略上，孔子一直都主张"为政以德"，即以道德和礼教来治理国家，并将其作为最高明的治国之道。这种治国的方略也叫"德治"或"礼治"。

孔子提倡的这种治国方略是将德、礼施之于民，实际上已经打破了传统的礼不下庶人的规定，也打破了贵族和庶民之间原有的一条重要界限。

孔子的仁说，体现了人道精神；孔子的礼说，则体现了礼制精神，也就是现代意义上的秩序和制度。人道主义是人类永恒的主题，对于任何社会、任何时代、任何一个政府都是适用的，而秩序和制度社会则是建立人类文明社会的基本要求。孔子所提出的这种人道主义和秩序精神，也成为我国古代社会政治思想的精华内容。

◎文苑拾萃

孔子名言

（1）有德者必有言，有言者不必有德。
（2）听其言而观其行。
（3）君子不以言举人，不以人废言。
（4）古者言之不出，耻躬不逮也。
（5）君子名之必可言也，言之必可行也，君子于其言，无所苟而已矣。

（6）可与言而不与之言，失人；不可与言而与之言，失言。知者不失人，亦不失言。

（7）言未及之而言谓之躁，言及之而不言谓之隐，未见颜色而言谓之瞽。

（8）好仁不好学，其蔽也愚；好知不好学，其蔽也荡；好信不好学，其蔽也贼；好直不好学，其蔽也绞；好勇不好学，其蔽也乱；好刚不好学，其蔽也狂。

（9）恭而无礼则劳，慎而无礼则葸，勇而无礼则乱，直而无礼则绞。

（10）事君，敬其事而后其食。

庄子与惠施的辩论

◎道可道，非常道；名可名，非常名。——老子

> 惠施（公元前390—前317年），宋国（今河南商丘市）人。战国时政治家、辩客和哲学家，是名家的代表人物。惠施虽是宋国人，但他最主要的活动地区是魏国（今河南开封市），惠施是合纵抗秦的最主要的组织人和支持者。他主张魏国、齐国和楚国联合起来对抗秦国，并建议尊齐为王。

战国时期，庄子与惠施的关系很要好，但是在针对一些问题争论起来时，两个人却各不相让。

有一次，庄子到惠施的住处，二人便辩论起言论之间的是非问题。惠施理直气壮地说："庄兄，我看儒墨显学之辩也是很有道理的，你看如何？"

庄子说："你的看法不对。我认为大知过于广博，小知又过于精细；大言盛气凌人，小言又喋喋不休。他们由于考虑辩论的言论，睡觉时也搞得心神交错烦乱，醒来时形体也会得不到安宁。他们与社会接触，构合纠葛，整天勾心斗角。有的显得漫不经心，有的却冥思苦想，有的则小心谨慎。这是何苦呢？"

惠施不太信服地问道："庄兄，如果像你说的这样，他们就不必争论了！"

庄子进一步陈述说："那是当然了，你看他们对小的恐惧都是提心吊胆，而对大的恐惧又是表现为垂头丧气。这不是毫无意义吗？"

惠施进一步追问说："为什么他们会是这个样子呢？不这样去争论不行吗？"

庄子沉思片刻，说："你怎么知道，他们为了用言论争服对方是挖空心思的。他们的心计一发就像箭一样疾速而不可收回，他们的心计探察不发是为了称是避非而把言论隐藏起来。难道不是这样吗？你还有什么怀疑的呢？"

惠施仍然不解其意，问道："庄兄，那么他们有时不也是不发言不争论吗？这又作何解释呢？"

庄子说："不能从表面上看他们不发言。他们停止发言犹如盟誓，这是为了以守取胜；他们衰败好像秋风寒冬的景象，这说明他们一天天在削弱；他们沉溺在所作所为的活动中，再无法使他们恢复原状；他们隐藏心灵不言不语，说明他们老而枯竭败坏；接近死亡的心灵，再也不能使它恢复生机。"

惠施频频点头说："你所说的道理我懂了，可是再深一层的道理又是什么呢？"

庄子说："深一层的道理在于没有客体的彼，也就没有主体的此；没有主体的此，客体的彼也就无法体现。这样主体的此也就与客体的彼齐一了，然而不知道它受谁支配。好似有个真我，但看不见它的迹象。可以从它的言论行为中得到信息，却看不到它的形体。它是真实可信的，却没有具体的形象。"

惠施说："你还能举例说明吗？"

庄子说："当然可以。就像一百个骨节，九个孔穴，六个内脏，都兼备地存在于我的身上，我和哪个最亲呢？都喜欢它们呢，还是都不喜欢它们呢，还是有所偏爱呢？如此不是把它们当成臣妾了吗？它们是臣妾就不能相互支配吗？还是让它们轮流做君臣呢？难道果然另有其君存在吗？即使求得真君的真实情况与否，对它的本真是有所益损的。人一旦禀受而形成形体，就认为躯体是常住不变的而等待最后的耗尽。和外物相接触，既有相互矛盾之时，也有切中事理之时，他的心行追逐外物像奔驰一样不能止步，这不是很可悲的吗？一辈子劳劳碌碌而看不见他的成功不也是可悲的吗？这样的人生虽说他不死，又有什么益处呢？若在言论中依据自己的成见作为是非标准，那么谁没有一个标准呢？所以大言小言是齐一的，是没有是非标准的。"

庄子所说的那番话，时时都在惠施的脑海萦绕。虽然不是很甘心，但他觉得庄子的话确实是很有道理的。

◎故事感悟

　　这则故事虽然旨在说明庄子的相对主义言论无是非的齐一观点，但是其中不以主观偏见作是非标准的见解还是对人们有启示作用的。这就是顺其自然的真谛吧！

◎史海撷英

惠施赴楚

　　魏惠王在位期间，惠施因为与张仪不和而被驱逐出魏国。于是，惠施来到楚国，楚王接待了他。

　　大臣冯郝对楚王说："挤走惠施的是张仪，大王与惠施结交，这是在欺骗张仪，我认为大王这样做是不可取的。惠施是因为张仪排挤才来到楚国的，他也定会怨恨您与张仪结交。如果惠施知道这种情况，他一定不会来楚国，而且宋王偃对惠施不错，诸侯中无人不知。现在，惠施与张仪结仇，诸侯中也无人不晓。惠施与大王结交，您便抛弃了张仪。我不理解大王这样做，是有些轻率呢？还是为了国家的大事呢？大王不如帮助惠施，送他到宋国去。然后，对张仪说：'我是因为您才没有接待惠施的。'张仪必然感激大王。而惠施是个被排挤、遭困窘的人，大王却帮助他到宋国去，惠施也必然感激大王。这样您实际上不失为张仪着想，又可以使惠施感恩戴德。"

　　楚王说："好。"随即就把惠施送到宋国去了。

◎文苑拾萃

惠　施

佚　名

　　心若如风不断空，菜蔬何逊万金庸。

　　己施勿忘责人报，百镒难浇半粒功。

返璞归真的境界

◎人生最低的境界是平凡，其次是超凡脱俗，最高是
返璞归真的平凡。——周国平

　　春秋时期，有一次，孔子的高徒子贡到楚国游历。子贡在返回的路上经过汉阴，见到一位老人正在侍弄菜园。老人挖了一条地道通到井中，然后抱着瓮罐取水来灌溉，用力多而见效少。

　　子贡见状，就对老人说："如果有一种机械，每天可以浇灌上百个菜畦，用力很少而见效显著，您老人家不想试试吗？"

　　种菜的老人仰起头看了看他说："那又怎么样呢？"

　　子贡说："用木料凿制成机械，后重前轻，提水就像从井中抽出一样，快速如同水沸向外涌出一样，这种机械的名字叫桔槔。"

　　种菜的老人脸上露出生气的样子，冷笑了一声，说："我的老师曾说过：有了机械之类的东西就必然有机巧之类的事，有了机巧之类的事就必然产生机变之心。有了机变之心，心地的纯洁就不具备了；心地的纯洁不具备了，就心神不定；心神不定，大道就不能存留了。我不是不知道叫做桔槔的机械，只不过是感到羞耻而不用罢了。"

　　子贡听了这话，羞愧满面，低着头说不出什么。

　　过了一会儿，种菜老人问："你是做什么的？"

　　子贡答："我是孔丘的弟子。"

　　种菜老人说："你不就是那个以博学比拟圣人，以夸诞矜持超群出众，以独自弦歌哀叹人世，来向天下邀取名声的人吗？你自身都不能修养好，哪有

闲暇治理天下呢！你走吧，不要误了我的事情。"

子贡深感惭愧，失去常容，闷闷不乐地走了三十里，心里才平和下来。

子贡的弟子问："刚才那个人是什么人呢？先生何故见他之后变容失色，一整天都不能恢复常态呢？"

子贡说："我原以为天下的圣人只有我的老师孔丘一个人，哪里知道还有这么一个人。我听老师说：事情求可行，功业求有成就，用力少而见效多，才是圣人之道。如今听这位老人讲，却完全不是这样。守持大道的人德行才完备，德行完备的人形体才健全，形体健全的人精神才完美，精神完美才是圣人之道。这样的人寄身于世上，与平民一起生活，并不知道自己要追求什么，多么淳厚朴素呀！功利机巧全不放在他心上。像这样的人，不是合乎他意志的不去求取，不是合乎他的心愿不去从事。即使天下的人都称誉他，而且称誉之辞合于他的德行，他也傲然不顾；即使天下的人都非议他，而且非议之辞不合于他的实际，他也无动于衷。天下的称誉和非议对这样的人没有增加什么，也没有减少什么，这才是全德之人啊！我们只能被称做世俗之人。"

子贡返回鲁国后，就把自己所经之事告诉给孔子。孔子说："那是修身养性之人。他守持自我的纯朴之性，而不顾世事的变迁；修养内心世界，而不去治理整个社会。这样清澈素洁、虚静无为、体悟真性而守持精神，遨游于世俗间的人，你当然感到惊异。况且，混沌的境界，我和你这样的人又怎么能够认识呢？"

子贡连连称是，信服地离开了。

◎故事感悟

在老人的眼里，一切顺其自然，返璞归真，回到原始的"混沌"世界，那样一切矛盾就会化为乌有，一切就太平了。这反映了当时一些人对尔虞我诈的社会的厌倦情绪，以及他们消极遁世的消极态度。社会总是在前进的，明智的人不能只看到社会黑暗的一面，也要看到社会光明的一面，而且要为光明的未来而奋斗。

◎史海撷英

子贡谦逊

　　子贡是孔子的得意门生，在学问、政绩、理财经商等方面都有卓越的表现，因此他的名声地位也雀跃直上，甚至超过了他的老师孔子。

　　当时，鲁国的大夫孙武公开在朝廷上说："子贡贤于仲尼。"鲁国的另一位臣子服景伯就把孙武的话转告了子贡，但子贡却谦逊地说："譬诸宫墙，赐（子贡）之墙也及肩；窥见家室之好。夫子（孔子）之墙数仞，不得其门而入，不见宗庙之美，百官之富。得其门者，或寡矣。夫手之云，不亦宜乎？"

　　子贡这段话的意思是说：自己的那点学问本领就好比矮墙里面的房屋，谁都能看得见；而老师孔子的学问本领却好比数仞高墙里面的宗庙景观，不得其门而入不得见，何况能寻得其门的又很少。正因为如此，诸位才有了这样不正确的看法。

◎文苑拾萃

贤者之孝二百四十首·子贡

（宋）林同

未须论大块，以死息乎人。
所愿学赐也，姑惟息事亲。

以天地为棺

◎天行有常，不为尧存，不为桀亡。——《荀子·天论》

> 庄子（约公元前369—前286年），名周，字子休。战国时代宋国蒙（今安徽蒙城）人。著名思想家、哲学家、文学家，道家学派的代表人物，老子哲学思想的继承者和发展者，先秦庄子学派的创始人。他的学说涵盖了当时社会生活的方方面面，但根本精神还是归依于老子的哲学。后世将他与老子并称为"老庄"，他们的哲学为"老庄哲学"。

庄子行游，有一天，他来到楚国，发现有一个空骷髅（人头骨）裸露在旷野之中。

庄子走过去，用马鞭敲了敲那尊空骷髅，问道："先生是因为贪图生命的乐趣，以至丧失了自己的真性，而到了这地步的呢？还是遇到了亡国之难，遭到刀斧的砍杀，而到了这地步的呢？还是你有不好的行为，为给父母妻儿带来耻辱而羞愧，而自杀身亡到了这地步呢？还是受到了寒冷和饥饿的煎熬，最后到了这地步呢？还是年寿已尽而自然死亡到了这地步呢？"

庄子说完，就把骷髅当做枕头，躺下睡着了。

到了深夜，骷髅出现在庄子的梦中，对庄子说："看你谈话的样子，倒满像是个有智慧的人。可是你所谈的内容，都是活着的人受拘束的想法，死了的人就没有这种忧虑了。你愿意听听死了的人是怎么回事吗？"

庄子说："好吧，你就谈谈吧。"

骷髅说："人一旦死去，上面没有君主，下面没有官吏，也没有春夏秋冬的奔波劳累，从容不迫地与天地共久长。即使是君王的快乐，也不能超过这死后的快乐。"

庄子不相信，就说："假如我让掌管生命的神恢复你生前的形体，为你重新长出骨肉肌肤，把你送回到你的父母妻儿和朋友那里，你愿意吗？"

骷髅深深地皱起眉头，忧虑地说："我怎么能够放弃像君主一样的快乐而再次遭受人间痛苦呢！"

庄子听了这话，深有感触。

庄子回到家后不久，他的妻子就死了。好友惠子前来吊唁，看到庄子正伸着两腿坐在地上，一边敲着瓦盆一边唱歌。惠子感到很奇怪，问庄子："你的妻子跟你生活了一辈子，生儿育女，直至衰老而死，她死后你不伤心哭泣也就算了，却竟然恶作剧似的敲着瓦盆唱起歌来，这不也太过分了吗？"

庄子说："事情不是这样的。她刚刚死去时，我怎么能不感伤呢？可是再仔细想一想，她最初本来是没有生命的，而且不仅是没有生命，也没有形体；不仅是没有形体，也没有产生阴阳之气。在若有若无之间，经变化而有了阴阳之气，阴阳之气经变化而有了形体，形体经变化而有了生命，现在经变化又归于死亡，这样生来死去的变化就如同春夏秋冬四季的运行一样。死去的人已经安然地寝卧于天地之间，而我却还为她的死去呜呜啼哭，仔细想来，这样做是不通晓生命的道理，所以我才不哭泣了。"

惠子听了这番话，恍然大悟，也随着敲击瓦盆之声，跟随庄子一起唱起歌来。

后来，庄子也要死了，弟子们打算给他举行隆重的送葬仪式，并准备置办丰厚的陪葬品。庄子却不同意。他对弟子们说："我把天地当做棺椁，把日月当做一双璧玉，把星辰当做珠玑，万物都可以当做我的陪葬品，我的陪葬品还不够多吗？还有什么比这更隆重丰厚的呢？"

弟子们又说："我们担心这样做的话，乌鸦和老鹰就会啄食先生的尸体。"

庄子说："尸体抛在荒野自然要被乌鸦和老鹰啄食，埋在地下自然要被蚂蚁啃食。你们是想夺过乌鸦和老鹰的食物去交给蚂蚁，为什么要这样偏心呢？"

庄子死后，弟子们遵从他的意愿，将他的尸体放置在旷野间，任从乌鸦和老鹰啄食。庄子生于自然，又回归于自然。

◎故事感悟

这个故事告诉我们：人的生命之初是禀受天地间阴阳二气的作用而产生的，而且经过变化终归要死亡。死和生一样，都是生命的一个过程；生生死死，也就像春夏秋冬四时的运行一样，都是必然的现象。因此对死亡不用哀伤和哭泣，也不用深埋和厚葬。

◎史海撷英

无用之用，方是大用

有一次，庄子与弟子走到一座山脚下，看到一株大树，枝繁叶茂，耸立在一条溪水旁边，特别显眼。

但见这树：其粗百尺，其高数千丈，直指云霄；其树冠宽如巨伞，能遮蔽十几亩地。庄子忍不住就问伐木者："请问师傅，如此好的木材，怎么一直无人砍伐，以至独独长了几千年呢？"

伐木者好像对此树不屑一顾，回答说："这何足为奇？此树是一种不中用的木材。用来做舟船，则沉于水；用来做棺材，则很快腐烂；用来做器具，则容易毁坏；用来做门窗，则脂液不干；用来做柱子，则易受虫蚀。此乃不成材之木。不材之木也，无所可用，故能有如此之寿。"

听了这段话，庄子对弟子说："此树因不材而得以终其天年，岂不是无用之用，无为而于己有为？"

弟子恍然大悟，点头不已。

庄子又说："树无用，不求有为而免遭斤斧；白额之牛，亢曼之猪，痔疮之人，巫师认为是不祥之物，故祭河神才不会把它们投进河里；残废之人，征兵不会征到他，故能终其天年。形体残废，尚且可以养身保命，何况德才残废者呢？树不

成材，方可免祸；人不成才，亦可保身也。"

庄子愈说愈兴奋，最后又总结性地说："山木，自寇也；膏火，自煎也。桂可食，故伐之；漆可用，故割之。人皆知有用之用，却不知无用之用也。"

◎文苑拾萃

《庄子·外篇·天道》节选

（战国）庄子

天道运而无所积，故万物成；帝道运而无所积，故天下归；圣道运而无所积，故海内服。明于天，通于圣，六通四辟于帝王之德者，其自为也，昧然无不静者矣。圣人之静也，非曰静也善，故静也；万物无足以铙心者，故静也。水静则明烛须眉，平中准，大匠取法焉。水静犹明，而况精神！圣人之心静乎！天地之鉴也；万物之镜也。夫虚静恬淡寂漠无为者，天地之平而道德之至，故帝王圣人休焉。休则虚，虚则实，实则伦矣。虚则静，静则动，动则得矣。静则无为，无为也，则任事者责矣。无为则俞俞。俞俞者，忧患不能处，年寿长矣。夫虚静恬淡寂漠无为者，万物之本也。明此以南乡，尧之为君也；明此以北面，舜之为臣也。以此处上，帝王天子之德也；以此处下，玄圣素王之道也。以此退居而闲游，江海山林之士服；以此进为而抚世，则功大名显而天下一也。静而圣，动而王，无为也而尊，朴素而天下莫能与之争美。夫明白于天地之德者，此之谓大本大宗，与天和者也。所以均调天下，与人和者也。与人和者，谓之人乐；与天和者，谓之天乐。

天道运行之理

◎顺之以天理，行之以五德，应之以自然。——庄子

　　战国初期，宋国有一位神巫，名字叫做咸祒。他的权力很大，主管奉祀天地鬼神，用占卜、星历的法术为人们祈福化灾。

　　咸祒的家住在宋国的定陶。定陶是一个手工业比较发达的城市，盛产皮革、纺织、陶器、金属等手工业产品，市场生意兴隆，百姓的生活水平也高于其他城市。由于经济的发展，文化事业也日益繁荣。因此，这里也是占星术者和神巫经常出没的地方。这些神巫略知天文地理，也可算是一种带有神秘色彩的知识分子，咸祒就是其中的一位。

　　在宋国，还有一位掌管天官、经通六典、辅佐国王治理国家的太宰，名叫荡。他是宋国治理政事的重臣。他更加通晓天文地理，也懂自然科学的道理，因此在宋国很有威望，不仅国王要敬重他三分，大臣们对他也都佩服得五体投地，黎民百姓甚至把他当做偶像一样崇拜着。

　　咸祒、宋太宰荡和庄子三人经常在一起讨论学问。庄子在宋国当小官时，就与咸祒、宋太宰荡有来往。庄子所掌握的天文地理方面的知识，还是从咸祒和荡那里学来的呢！当然，咸祒和宋太宰荡也从庄子那里学到不少哲学方面的知识。

　　有一次，三人聚在一起，讨论起天体运行的道理来。

　　庄子对大自然的一些现象有些迷惑不解，问咸祒说："先生，天体在运行吗？大地是静止的吗？日月在争着回到各自的处所吗？谁主宰这些？谁维系这些？谁闲居无事而推动其运行呢？或者是有机关控制使其不得不这样？或

者是其运行起来而不能自行停止？是云变成了雨？雨又变成云？是谁在兴云降雨？是谁闲居无事或为享乐而造成的这些呢？风从北方兴起，一会儿吹向东，一会儿又吹向西，一会儿又盘旋上升，这又是谁造成的？这些都是什么原因？"

咸𧘂回答说："你这一连串的问题，提得好啊！来吧，我讲给你听。天具有六极五常，帝王顺应它则天下得到治理，违背它就有灾祸。遵循九神治理天下的大法，则天下太平，道德完备，光辉照临天下，受到万民拥戴，这就叫至上的君主。"

庄子又请教说："先生，什么是九神治理天下的大法呢？"

咸𧘂又回答说："九神治理天下的大法：第一是五行，即按自然的水、火、木、金、土行事；第二是五事，即按容貌、言论、观察、听闻、思考看人；第三是八政，按食、货、祀、司空、司徒、司寇、宾、师诸官管理政务；第四合用五种祀时方法，即岁、月、日、星辰、历数；第五是建立君主的法则；第六是正直、刚克、柔克三德；第七是用巫人稽考雨云、雾气、半阴、半阳、阴阳、贞卦、悔卦七疑；第八是思虑晴天、雨天、温暖、寒冷、风雪五种征兆；第九是长寿、富贵、康宁、美德四种幸福和早死、疾病、忧愁、贫穷、邪恶、懦弱六种困厄。"

庄子听了，对咸𧘂所说的九种大法和有关自然规律的内容表示欣然接受，然而对人为的政治、伦理措施却表示坚决反对。

宋太宰荡在一旁听得很明白，就质问庄子："你既然反对九法之中的伦理观点，那么你说什么是仁义忠孝呢？"

庄子说："虎狼，也有仁心。"

宋太宰荡又问："为什么这样说呢？"

庄子说："虎狼有父子相爱，为什么说不是仁呢？"

宋太宰荡又问："什么是最高的仁呢？"

庄子说："最高的仁是没有亲爱。"

宋太宰荡说："我听说，没有亲就不会爱，不爱也就不会有孝。说最高的仁不是孝，可以吗？"

庄子说："不是这样，至仁是高尚的，孝本来就不足以说明它。至于孝悌仁义、忠信贞谦八种美德，都是人们勉力从事而为其役使的外在表象，不足以推崇称道。因此说，至尊至贵的人，舍弃国家赐给的官爵；最富有的人，舍弃国家的财产；愿望得到最大满足的人，舍弃名誉。因此才能持守大道而不改变。"

◎故事感悟

　　这个故事原意是说：天是客观存在的，自然的天道是自然的规律，人为的仁义忠信应当舍弃。这些尊重自然规律的思想虽然有一定的积极意义，但否定人的社会性，不免走向极端，是不可取的。人不仅有其自然性，更有其社会性。

◎史海撷英

占卜的历史沿革

　　在《汉书·艺文志》里，占卜被归入"数术"。在很早以前，占卜也属于巫师的专利，是由兆发展而来。看兆、预兆，实际上本身就是一种占卜，属于人类学家所说的交感巫术。兆是根据已经发生的事情推导出未来，占卜则是依据已知的事物预测未来。

　　现在所流传的占卜，比古代时期的占卜已经有了很大的变化。广义上的卜法，指的是凡物都可以占卜。而现今，除了古已有之的占卜术，如算命、算卦、抽签、看相、占岁等，一些西方的占星术、吉普赛人算命法、计算机算命等，也在民间流行开来。

　　另外，民间还流传许多有关占卜的书籍，如《奇门遁甲》、《麻农神相》、《推背图》、《大六五》、《金钱课》、《吕祖数》、《诸葛亮马前课》等。

　　不过，任何一种习俗都绝不仅仅是一种简单的迷信，古代的许多科学在巫术、兆示及占卜中都有其萌芽。尤其是我国古代的一些意识形态产物，都与占卜有着密切的联系，如文字、书法与龟占，哲学、数学同易占，天文学同星占，地理学、建筑学与风水等等，都有一定的关系。

◎文苑拾萃

《庄子·外篇·至乐》节选

（战国）庄子

天下有至乐无有哉？有可以活身者无有哉？今奚为奚据？奚避奚处？奚就奚去？奚乐奚恶？

夫天下之所尊者，富贵寿善也；所乐者，身安厚味美服好色音声也；所下者，贫贱夭恶也；所苦者，身不得安逸，口不得厚味，形不得美服，目不得好色，耳不得音声；若不得者，则大忧以惧。其为形也亦愚哉。

夫富者，苦身疾作，多积财而不得尽用，其为形也亦外矣。夫贵者，夜以继日，思虑善否，其为形也亦疏矣。人之生也，与忧俱生，寿者惛惛，久忧不死，何苦也！其为形也亦远矣。烈士为天下见善矣，未足以活身。吾未知善之诚善邪，诚不善邪？若以为善矣，不足活身；以为不善矣，足以活人。故曰："忠谏不听，蹲循勿争。"故夫子胥争之以残其形，不争，名亦不成。诚有善无有哉？

今俗之所为与其所乐，吾又未知乐之果乐邪，果不乐邪？吾观夫俗之所乐，举群趣者，誙誙然如将不得已，而皆曰乐者，吾未之乐也，亦未之不乐也。果有乐无有哉？吾以无为诚乐矣，又俗之所大苦也。故曰："至乐无乐，至誉无誉。"

天下是非果未可定也。虽然，无为可以定是非。至乐活身，唯无为几存。请尝试言之。天无为以之清，地无为以之宁，故两无为相合，万物皆化。芒乎芴乎，而无从出乎！芴乎芒乎，而无有象乎！万物职职，皆从无为殖。故曰天地无为也而无不为也，人也孰能得无为哉！

是非皆由自然

◎久在樊笼里，复得返自然。——陶渊明

　　公孙龙（公元前320—前250年），传说字子秉。战国时期赵国人。曾经做过平原君的门客，名家的代表人物，其主要著作为《公孙龙子》，西汉时共有14篇，唐代时分为三卷，北宋时遗失了8篇，到目前只残留6篇，共一卷。其中最重要的两篇是《白马论》和《坚白论》，提出了"白马非马"和"离坚白"等论点，是名家学派的主要代表。是著名的诡辩学代表，提出了逻辑学中的"个别"和"一般"之间的相互关系，但把它们之间的区别夸大，割断二者的联系，是一种形而上学的思想体系。与他齐名的是另一名家惠施。

　　战国初期，儒家虽然尚未形成八派，但子思之儒、子张之儒、颜氏之儒的势力是相当大的。墨家虽然没有形成五派，但南北之墨的后期墨家学派已初步形成，儒墨显学之争也有了进一步的发展。名家惠施、公孙龙及其弟子也活跃在百家争鸣之中。而以庄子集大成的道家，既反对儒墨显学之争，也反对名家的一些主张，推行自己的观点。

　　有一次，庄子与儒墨的信徒及公孙龙的门生展开了一场激烈的辩论。

　　儒家的信徒说："我们的祖师孔子讲天命、礼仁就是真理。"墨家的信徒则说："我们的先辈告诉我们，天命、礼仁不是真理，只有天志、功利才是真理。"

　　庄子对他们之间的争论不以为然，而给他们讲了一套事物没有是非，圣人不由是非之途，而照之于天的道理。

庄子说："言论不是吹风，发表言论的人都有所说的内容，但他们的言论又都自以为得当而不能定论。他们果真有过这些言论，还是没有过这些言论呢？他们自以为自己的言论不同于刚出蛋壳的小鸟叫声，到底有什么分别，还是没有分别呢？道是怎样被隐蔽而有真伪的呢？言论是怎样被隐蔽而有是非的呢？道是无真伪的，在什么地方不存在呢？言论是无是非的，在哪些方面非有不可的呢？道的本质隐蔽在花言巧语之中，因而才有儒墨显学的是非之争。他们都各自肯定对方之所非，而非议对方之所是；如要肯定对方之所非而非议对方之所是，就不如以空明的心境去反映事物的本性。宇宙间的事物没有不是彼的，也没有不是此的。从彼方看不见此方，从此方来看就知道了。所以说，彼方是出于此方，此方也依存于彼方。彼此是相互并存的。虽然如此，生中有死的因素而向死转化，死中有生的因素而向生转化，肯定中有否定因素而向否定转化，否定中有肯定因素而向肯定转化。由是而得非，由非而得是。因此，圣人不由是非之途，而照之于天，一切都是因顺天道自然的，儒墨之争是白费口舌的。"

儒墨之弟子听了庄子讲的道理，都目瞪口呆，张口结舌，不知往下该怎么辩论。

这时，有人又向庄子提出问题："请问先生，为什么是非辩论不清呢？"

庄子说："此就是彼，彼也就是此。彼也一是非，此也一是非，是非是没有标准的，更是无法辩明的。如果两个人老是一再辩论是非，甲说是，乙则说非；乙说是，则甲说非，终究辩论不清谁是谁非；找位第三者丙来评判，站到甲方肯定甲为是，乙为非，丙要站到乙方肯定乙为是，甲为非，所以永远分不清甲乙之间谁是谁非。"

公孙龙的门生说："我们的老师在什么是马的问题上就可以分清一般的马和具体的马，在手指问题上就可以分清一般的手指和具体的手指，你说是吗？"

庄子回答说："你们的老师用所谓指的概念来说明具体的指不是指，不如用不是指的概念来说明一般的指不是具体的指。用马的概念来说明具体的马不是马，不如用不是马的概念来说明一般的马不是具体的马。事物没有美丑之分，没有喜怒之别，像狙公赋芋的朝三暮四一样，肯定有肯定的道理，否定有否定的道理，没有事物不是对的，没有事物都是对的，只有通晓万物齐一和天人齐一的道理，才会达到最高的境界。"

庄子的这番议论，使儒墨的弟子们无隙可乘，无以对答，只好怅然而去。

◎故事感悟

这个故事一方面说明庄子的认识是相对主义的，从而陷入不可知论；另一方面在其相对主义的认识中有一定的朴素辩证因素，提醒人们要顺从天道自然规律办事。但一味强调无是非标准，就会陷入无法追求真理性认识的泥潭。

◎史海撷英

白马非马

战国时期，赵国平原君的门客公孙龙因其《白马论》的问世而一举成名。

当时，赵国一带的马匹流行烈性传染病，导致大批战马死亡。而秦国的战马很多，为了防止这种瘟疫传入秦国，秦便在函谷关口贴出告示："凡赵国的马不能入关。"

有一天，公孙龙骑着白马来到函谷关前。关吏见状，就对公孙龙说："你人可入关，但马不能入关。"

公孙龙辩道："白马非马，怎么不可以过关呢？"

关吏说："白马是马。"

公孙龙问："我公孙龙是龙吗？"

关吏愣了愣，但仍坚持说："按照规定，不管是白马黑马，只要是赵国的马，都不能入关。"

公孙龙素来都以雄辩名士而自居，因此面对关吏，他娓娓道来："'马'，是指名称而言；'白'，是指颜色而言。名称和颜色不是一个概念。'白马'这个概念，分开来就是'白'和'马'或'马'和'白'，这也是两个不同的概念。譬如说，你要马，给黄马、黑马者可以，但是如果要白马，给黑马、给黄马就不可以。这证明，'白马'和'马'不是一回事吧！所以说，白马就不是马。"

关吏越听越糊涂，被公孙龙这一通高谈阔论弄得晕头转向，如坠云里雾中，不知该如何对答，无奈只好让公孙龙和白马都过关去了。

◎文苑拾萃

《公孙龙子·指物论第三》节选

（战国）公孙龙

物莫非指，而指非指。

天下无指，物无可以谓物。非指者，天下物可谓指乎？

指也者，天下之所无也；物也者，天下之所有也。以天下之所有，为天下之所无，未可。

天下无指，而物不可谓指也。不可谓指者，非指也；非指者，物莫非指也。

天下无指而物不可谓指者，非有非指也。非有非指者，物莫非指也。物莫非指者，而指非指也。

天下无指者，生于物之各有名，不为指也。不为指而谓之指，是无不为指。以有不为指之无不为指，未可。

且指天下之所兼。天下无指者物，不可谓无指也。不可谓无指者，非有非指也。非有非指者，物莫非指。指非指也，指与物非指也。

杨王孙求死后裸葬

◎让人生顺其自然，切不可违之。——格言

> 杨王孙（生卒年不详），西汉时汉中城固县人，久居长安，家累千金，却竭力提倡简葬。死后裸葬于终南山，为我国古代提倡简葬的著名人物。

　　杨王孙是汉朝汉武帝时期的人，学习和信奉黄老道家学说。杨王孙的家业值千金，生活富裕，他还善于养生之道。等到他年老病重，将要死的时候，杨王孙就给儿子留下遗言，说："我死后要裸葬，这样来实现我返璞归真的愿望。你千万不要辜负我的遗愿。我死后，就缝制一个大布袋子，把我的尸体装在里面，墓穴挖进七尺深，下葬时，从脚后把布袋脱下来，让我的裸体与土地相亲近。"

　　杨王孙的儿子听了父亲的遗言后，都感到很为难，想要到时悄悄地不按父亲说的办吧，这是违背父命，是大不孝的行为，心中不安；想要到时按着父亲说的办吧，心中又实在不忍。想来想去，仍然不能决断，于是就去拜见父亲的友人祁侯，求他前来劝导父亲。

　　祁侯听完杨王孙儿子的叙述，觉得老友的遗言违背常理，本应前去劝导，可是又脱不开身，就拿起笔给杨王孙写了一封信，交给杨王孙儿子带了回去。

　　信中说："王孙兄被重病折磨，我本该亲自前往探望，可是因为我现在就要跟从皇上去雍地祭祀，所以只能写信表示慰问了。希望你保持良好的精神状态，少思虑，及时求医进药，好好地将养自己。我听说王孙兄留下遗言要裸葬，假如死去的人没有知觉就算了；如果有知觉，那么裸葬就是暴死于地下，就是将要裸身去见地下的先人，因此我深深以为王孙兄不应采取这种方法。况且，《孝经》上说，人死后要为他用棺椁盛殓，用衣被遮身，这是先代圣人留下的制度。您何必偏偏拘守自己的意见呢？希望王孙兄考虑我的话。"

杨王孙看了祁侯的信后，对祁侯的劝告不以为然，还写了回信，坚持自己的主张。

杨王孙在回信中说："我听说，古代的圣王根据人们孝敬双亲的心情制定了葬礼，为死者准备棺椁衣被。可是现在葬礼大大超越了古代葬礼的规模，我因此要裸葬，是要以此来改变厚葬的恶习。厚葬对死者实在是没有什么益处的，可是庸俗的人们竞相攀比，增大规模，耗尽财物，腐烂于地下。或许今天刚刚入葬，明天就被人发掘，这同将尸骸暴露于荒野有什么不同呢？再说，人死，是完成生命的变化，是万物的回归。应变化的得以变化，应回归的得到归所，万物终究要返回自然。返回自然，渺渺茫茫，无形无声，这才合乎道的真意。至于耗尽财物在形式上做文章，借此向众人炫耀，用厚葬的方式背离道的真意，就是使变化的不能完成变化，回归的得不到归所。而且我听说，精神是归天所有，形体是归地所有，精神与形体一旦分离，就各归其本原，所以叫做'鬼'。'鬼'的意思就是说归。按照习俗，人死后尸体外面裹上布帛，又用棺椁封住，完全被拘束了，而且口含玉石，想变化也不能够，最后郁结为肉干。只是到了千载之后，棺椁腐朽了，才得以回归土地，来到真正的家中。因此说来，哪里用得着中途在棺椁中长久地做客呢？古时尧帝下葬时，用一段空树干盛殓，用葛蔓捆束，墓穴向下不污染地下水，向上不至于泄出腐烂的气味。明智的帝王生前死后都是俭朴的，不在无用之处下工夫，不在无意义的事上损耗财物。可是现在恶风流行，破费财物进行厚葬，滞留和阻碍尸体早日回归大地，死者不明智，生者也不得当，这是糊涂加糊涂。遗憾呀！我是不能顺从这种恶习的！"

祁侯看完他的信，感叹道："说得太有道理了！"

于是，杨王孙死后，儿子们按着他的遗嘱，对他进行了裸葬。

◎故事感悟

杨王孙坚持道家信念，认为生死如一，死亡只不过是完成整个生命变化的过程；认为人类和自然是统一的，死亡也就是回归自然。因此他反对厚葬，主张裸葬，这种对死亡顺其自然的态度是很开明的。厚葬的恶习是一种愚昧的表现，应当鄙弃。

◎史海撷英

城固县

城固位于陕西汉中盆地的中部，北靠秦岭，南依巴山，是西汉著名外交家、丝绸之路开拓者——张骞的故乡，而且还出了一个我国古代提倡简葬的著名人物杨王孙。

全县幅员2265平方公里，辖18个建制镇、12个乡、393个行政村，总人口50万，其中农业人口42.5万。耕地面积49.3万亩，其中水田33.6万亩。秦汉时时期，县境广袤，东北连接旬阳，东南与安阳临界，南与西南连接南郑，西北接元（后襄中），北联武功、鳌屋、鄠县和长安杜陵（《汉书□地理志》《后汉书》）。

如今，这里交通便利，土地肥沃，物产富庶，升仙蜜桔、城固银峰等名优土特产品在全国久负盛名，是全国粮油基地县之一，素有大西北之"小江南"的美誉。

◎文苑拾萃

饮酒诗其十三

（东晋）陶渊明

颜生称为仁，荣公言有道。

屡空不获年，长饥至于老。

虽留身后名，一生亦枯槁。

死去何所知，称心固为好。

客养千金躯，临化消其宝。

裸葬何足恶，人当解意表。